Hans Klein

Leidensdruck als Chance zur Wende

Einsicht gewinnen – Veränderung zulassen

Blaukreuz-Verlag Wuppertal
Blaukreuz-Verlag Bern

Hans Klein, Jahrgang 1936, ist als Diakon im sozialen Bereich tätig. Sechs Jahre arbeitete er mit Nichtseßhaften in Stuttgart, seit 1969 ist er in der Beratungsstelle für Alkoholkranke beim Diakonischen Werk des Pfälzischen Landeskirche beschäftigt. Durch aktive Mitarbeit im Freundeskreis und in der Landauer Blaukreuz-Gruppe gewann er gründlichen Einblick in die gesamte Suchtproblematik.

Die Deutsche Bibliothek – CIP-Einheitsaufnahme

Klein, Hans:
Leidensdruck als Chance zur Wende : Einsicht gewinnen – Veränderung zulassen / Hans Klein. – Wuppertal : Blaukreuz-Verl. ; Bern : Blaukreuz-Verl., 1997
ISBN 3-89175-136-2 (Wuppertal)
ISBN 3-85580-370-6 (Bern)

Umschlaggestaltung: Eberhard Platte, Wuppertal
Satz: Blaukreuz-Verlag Wuppertal
Druck und Herstellung: St. Johannis-Druckerei, Lahr

ISBN 3 89175 136 2 Blaukreuz-Verlag Wuppertal
ISBN 3 85580 370 6 Blaukreuz-Verlag Bern

Inhalt

1. Einleitung

Vor mir sitzt die Ehefrau eines Alkoholkranken: Ihr Mann trinkt stark, ist aber um nichts in der Welt zu der Einsicht zu bewegen, er sei alkoholkrank und bedürfe dringend einer Therapie. Er ist in angesehener Position und glaubt, sich dieses Eingeständnis einfach nicht leisten zu können. Er ist überaus stolz darauf, es zu etwas gebracht zu haben, und verfügt über eine große Bildung. In seinem Selbstbild hat die Vorstellung, alkoholkrank zu sein, keinen Platz.

Selbst nachdem sein Niedergang immer deutlicher wurde, seine ganze Umgebung es wußte, der Arzt ihm eine Therapie dringend nahelegte und sich mit der Zeit immer mehr Freunde von ihm fernhielten, konnte er sich nicht dazu durchringen zuzugeben, daß er Hilfe brauchte.

Es war offenkundig, daß bei diesem Mann sehr viel an Leiden geschehen mußte, ehe sein Stolz zusammenbrechen konnte und er daraufhin ein neues, sinnvolles Leben würde beginnen können.

Angesichts dieser Sachlage drängte sich mir nach einer Reihe von Gesprächen mit dieser Frau die Bemerkung auf: „Bei Ihrem Mann müssen erst ‚Himmel und Erde vergehen‘, ehe bei ihm eine ‚neue Erde‘ werden kann.“ Dabei dachte ich an die neutestamentlichen Endzeitvisionen im Buch der Offenbarung, die schwere Leiden der Menschheit schildern, bevor endlich Erlösung werden kann.

Das vorliegende Buch beschreibt die Funktion von Leidensdruck und begründet dessen Bedeutung beim Umgang von

Angehörigen und Helfern mit Alkoholkranken. Zum Glück sind Suchtkranke, die einen so starren Widerstand gegen eine Behandlung aufbauen, wie oben skizziert, eher die Ausnahme. Trotzdem bedarf es bei nahezu allen Betroffenen eines großen Maßes an Leidensdruck, bis sie einzusehen vermögen, daß sie nur mit dem Trinken aufhören können, wenn sie sich einer Behandlung unterziehen.

2. Was ist Leidensdruck?

2.1 Der nichtgemeinte Leidensdruck

Leidensdruck entsteht auf mancherlei Weise. Durch die soziale Situation, die quälend ist, durch die politische Lage, die Angst macht, durch Krankheiten, Schicksalsschläge, Kriege. Der dabei entstehende Leidensdruck läßt sich in der Regel nicht ändern. Zumindest nicht so, daß der einzelne es ändern könnte. Wenn zum Beispiel ein Körperbehinderter darunter leidet, daß er körperbehindert ist, so läßt sich dieser Leidensdruck faktisch nicht verändern. Er kann nur lernen, sich mit seiner Lage abzufinden, und versuchen, das Beste daraus zu machen. Wenn ein nahestehender und liebgewordender Mensch stirbt, so leidet man daran, kann es aber nicht ungeschehen machen. Sinnvoll ist dann jedoch, bewußt Trauerarbeit zu leisten. Aber das Leid muß letztlich immer ertragen werden.

Um diese und ähnliche Arten von Leidensdruck geht es in diesem Buch nicht. Bei solchem Leidensdruck ist es selbstverständlich, daß mitfühlende Menschen sich derart Leidenden zuwenden und durch ihren Beistand versuchen, das Leid des anderen zu mildern. Hier kann es in keinem Fall darum gehen, Leidensdruck entstehen zu lassen, denn das wäre unmenschlich und auch sinnlos.

2.2 Der gemeinte, weil vermeidbare Leidensdruck

Daneben aber gibt es viel Leidensdruck, der sich vermeiden ließe. Er entsteht in der Regel durch falsches Verhalten. Das gibt es in der Politik wie im persönlichen Leben. Manche dieser falschen Verhaltensweisen lassen körperlich und seelisch krank werden. Das ist bei Suchtkrankheiten besonders klar zu erkennen. Es wird zum Beispiel beim Alkoholkranken deutlich, wenn er seine durch falsches Verhalten entstandenen Lebensschwierigkeiten durch Trinken zu lösen versucht, anstatt sie aufzuarbeiten. Er tut das, weil Trinken ihn auf bequeme Weise und ohne Anstrengung wieder gutgestimmt werden und ihn seine Probleme vergessen läßt. Das Fatale dabei ist allerdings, daß ihm sein Trinken selbst mit der Zeit immer größere Probleme verursacht. Es kommt durch das Trinken also mit der Zeit zu einem Leidensdruck, der nicht sein müßte und der enden würde, wenn der Alkoholkranke mit dem Trinken aufhörte.

Um diese Art von Leidensdruck geht es in diesem Buch.

> Das Anwachsen dieses Leidensdrucks wird als Therapeutikum verstanden, das mithilft, den Alkoholkranken dazu zu bewegen, sein Trinken endlich aufzugeben.

Die Frage stellt sich natürlich, warum er das nicht von sich aus tut, wenn er durch Trinken anfängt zu leiden. Die Beantwortung dieser Frage soll hier nur kurz angedeutet werden und in Kapitel 5 ausführlich erfolgen. Zunächst jedenfalls besteht die Tatsache, daß er trotz immer stärker werdenden Leidensdrucks mit einer Hartnäckigkeit weitertrinkt, die jedem, der sich mit Alkoholismus nicht gut auskennt, verwunderlich erscheinen muß.

Die Fragestellung jedoch macht deutlich, daß eine solche Art von Leidensdruck nur entstehen kann, wenn das falsche Verhalten – hier das Trinken – für den Betroffenen so wichtig wird, daß er *deswegen* bereit ist, eine ganze Menge Leiden auf sich zu nehmen und zu ertragen.

Ein Alkoholkranker also wird, wenn ihm sein Bier

„schmeckt“, wie viele sich gerne ausdrücken, einfach nicht einsehen können und wollen, warum er mit dem Trinken aufhören soll, auch wenn es wegen seines Trinkens bereits Ärger gegeben hat. Diesen Ärger führt er lieber auf andere Ursachen zurück. Denn hinter dem Begriff des Schmeckens steht doch seine wichtige Erfahrung, daß er durch Trinken aus seiner miesen und gedrückten Stimmung herauskommt und in eine Hochstimmung gelangt, wo er „gut drauf“ ist. Diese durch Trinken erreichbare gute Stimmung ist ihm allemal wichtiger als die negativen Begleiterscheinungen des Trinkens.

Erst wenn sein Trinken einen dermaßen großen Leidensdruck verursacht, daß er ihn nicht mehr aushalten kann und will, und er notgedrungen einsehen muß, daß dieser Leidensdruck auf sein Trinken zurückzuführen ist, sucht er nach einer Möglichkeit, von seinem Trinken loszukommen. Doch das meist auch nur halbherzig. Zu wichtig erscheint ihm immer noch die Art der Lebensqualität, die er nach seinem Empfinden durch sein Trinken erreichen kann. Das aber bedeutet, daß der Alkoholkranke, solange er aufgrund seiner Trinkfolgen nicht total verzweifelt ist, sich in der Regel nicht helfen läßt.

2.3 In der Gosse liegen

Die gängige Kurzbeschreibung dieses Zustands lautet: „Der Alkoholkranke muß erst in der Gosse liegen, bevor er mit dem Trinken aufhören kann.“ Diese Ansicht erschreckt oft und entmutigt auch. Dabei ist jedoch nicht gemeint, der Alkoholkranke müsse buchstäblich in der Gosse liegen, so wie man es manchmal bei Nichtseßhaften sehen kann, ehe er zur Besinnung kommt. Doch als Bildwort verstanden drückt der Begriff genau einen Zustand aus, der notwendig ist, um den Alkoholkranken zu veranlassen, sein ihm so wichtig gewordenes Trinken endlich aufzugeben.

In der Gosse liegen meint, daß er am Ende ist, nicht mehr weiterweiß und endlich begreift, daß es so wie seither nicht mehr weitergehen kann. Dabei ist die „Gosse“ bei jedem Menschen ein völlig anderer Gefühlszustand, auf den er reagiert.

> Jeder Mensch hat seinen ureigensten Punkt, wo es für ihn nicht mehr weitergehen darf, wo er plötzlich mit aller Klarheit erkennt, daß er mit seinem falschen Verhalten – und wenn es ihm noch so wichtig erschien – aufhören muß und wo er jetzt endlich auch darauf verzichten kann.

Allerdings kann ein Helfer nie wissen, wann beim Alkoholkranken dieser Punkt erreicht ist. Die Betroffenen wissen es oft zunächst selbst nicht und erkennen diesen Punkt erst im Rückblick.

2.4 Die vier Bereiche, in denen Leidensdruck entsteht

Sehen wir uns etwas genauer an, aus welchen Gefühlsbereichen und Lebenssituationen der Leidensdruck beim Alkoholkranken zusammengesetzt ist, wenn er endlich deutlich wahrnehmbar wird. Der schon vor dem Trinken bestehende Leidensdruck wird dabei nicht berücksichtig, da er nicht durch das Trinken entstand, sondern eher der Einstiegsgrund ins Trinken war. Ich halte mich hier bewußt kurz, da darüber schon viel geschrieben wurde.

Körperlicher Leidensdruck

Leidensdruck entsteht auf der körperlichen Ebene. Durch das ständige starke Trinken erkrankt die Leber, werden die Nerven geschädigt und es kommt mit der Zeit zu weiteren körperlichen Störungen bis hinein in das Gehirn. Die Alkoholepilepsie, die bei manchen auftritt, ist nur ein Beispiel dafür; das Alkoholdelir meist der Endpunkt der körperlichen Erkrankung, das dringend ärztlich behandelt werden muß, wenn es nicht tödlich enden soll. Daneben gibt es noch eine Reihe anderer körperlich-nervlicher Störungen.

Sozialer Leidensdruck

Leidensdruck entsteht nach und nach auch im sozialen Bereich. Die Partnerschaft fängt an zu kriseln und funktioniert mit der Zeit nicht mehr. Scheidungsdrohungen durch den Ehepartner stehen im Raum. Es kann zu Gewalttätigkeiten kommen. Der Arbeitsplatz wird gefährdet, geht oft verloren, ebenso kommt es zum Führerscheinverlust. Schulden entstehen und steigen immer weiter. Das gesellschaftliche Ansehen schwindet, Bekannte ziehen sich zurück. Der Alkoholkranke fühlt sich von anderen verlassen und zieht sich seinerseits zurück. Er vereinsamt oder beginnt oft mit Personen unter seinem Niveau zu trinken. Nicht selten kommt es zu zunehmender Verwahrlosung. – Damit sind längst nicht alle sozialen Folgen des Trinkens geschildert.

Seelischer Leidensdruck

Leidensdruck entsteht auch sehr früh und verstärkt im seelischen Bereich. Es kommt beim Alkoholkranken zu vermehrter Selbstverachtung aus dem Erleben heraus, daß er es nicht schafft, sein Trinken unter Kontrolle zu halten und damit aufzuhören, wenn es beschämende und schädigende Folgen nach sich zieht. Seine Minderwertigkeitsgefühle werden stärker,

Scham- und Schuldgefühle stellen sich ein, weil er weiß, was er sich, seiner Familie und anderen antut.

Geistiger Leidensdruck

Leidensdruck entsteht auch als geistiges Leiden. In jedem Menschen, und wenn er noch so heruntergekommen ist, gibt es einen Rest des Gefühls von Würde, ein Mensch zu sein – biblisch ausgedrückt: ein von Gott einmalig geschaffener und gottebenbildlicher Mensch zu sein, der es wert ist, leben zu dürfen und dessen Leben auch einen Sinn hat.

Dieses Gefühl mag oft total verschüttet sein und nur noch nebulös empfunden werden. Doch nach den Phasen von Jellinek kommt es gegen Ende der Suchtkarriere zu „unbestimmten religiösen Wünschen“,[1] was zeigt, daß dieses Empfinden da ist. Der Alkoholkranke leidet an der Verfehlung seines Lebens immer stärker. Dieses geistige Leiden mag bereits bei der Entstehung seiner Suchtkarriere mitgewirkt haben und ein Grund für sein süchtiges Trinken gewesen sein, es verstärkt sich aber bei dem durch sein Trinken verursachten persönlichen Niedergang immer mehr.

Alle vier Faktoren wirken beim Alkoholkranken gewöhnlich zusammen, wobei der Leidensdruck bei jedem unterschiedlich stark aus einem der genannten Bereiche gespeist sein wird.

Die These dieses Buches ist nun, daß dieser Leidensdruck zur möglichen Gesundung des Alkoholkranken notwendig ist, weil nur dieser Leidensdruck den Alkoholkranken allmählich davon überzeugt, daß er mit dem Trinken aufhören muß und so sein „Mißbrauch der menschlichen Freiheit“ korrigiert werden kann. Der Helfer muß die Entstehung von Leidensdruck darum zulassen.

3. Widerspruch gegen das Konzept „Leidensdruck entstehen lassen“

Die Auffassung, Leidensdruck sei unbedingt notwendig, damit der Alkoholkranke zur Besinnung kommt und mit Trinken aufhören kann, bleibt nicht unwidersprochen. Der Widerspruch wird mit unterschiedlichen Argumenten begründet. Betrachten wir die verschiedenen Einwände.

3. 1 Widerpruch aus Besorgnis

Ein Teilnehmer an einer Diskussion zum Thema „Aufsuchende Sozialarbeit contra Kommstruktur“ meinte, daß das Konzept „Leidensdruck entstehen lassen“ nicht brauchbar sei, denn „sie leiden sich sonst zu Tode“. Hinter dem Begriff „Aufsuchende Sozialarbeit“ steht die Meinung, daß man den Suchtkranken da aufsuchen müsse, wo er anzutreffen ist, in der Szene, im Krankenhaus oder zu Hause, um ihn möglichst frühzeitig zu erreichen und zu einer Behandlung zu motivieren, ehe er „in der Gosse liegt“. Dahinter steht auch die Meinung, daß ein Suchtkranker möglichst frühzeitig einer Behandlung zuzuführen sei, weil seine Heilungschance so größer sei und die körperlichen, sozialen, seelischen und geistigen Folgen noch nicht so schlimm seien.

Unter dem Begriff „Kommstruktur“ versteht man die Haltung, der Suchtkranke müsse erst ausreichend Leidensdruck entwickeln, damit er von sich aus eine Beratungsstelle oder eine Abstinenzgruppe aufsucht, um Hilfe für sich zu begehren, und daß er erst damit zu einer Behandlung bereit und auch fähig sei. So stehen häufig auch bei professionellen

Helfern diese beiden unterschiedlichen Auffassungen gegeneinander.

Nun ist die Auffassung, man müsse früher eingreifen, ehe großer Leidensdruck entsteht und ehe sich die Suchtkranken „zu Tode leiden“, sicher nicht falsch. Mir ist selbst ein tragisches Beispiel bekannt, wo ein Alkoholkranker, der sich immer mehr heruntergetrunken hat und dessen Leber schon zirrhotisch war, erst zur Einsicht kam, als es zu spät war. Er hat nach langem Druck und Bearbeitungen von allen Seiten endlich eingesehen, daß er wohl doch alkoholkrank sei und in eine Behandlung müsse. Gleich danach ist er aber körperlich zusammengebrochen, kam ins Krankenhaus und starb wenige Tage später, weil er inzwischen eine voll ausgebildete Leberzirrhose hatte.

Das war sehr tragisch für alle Beteiligten. Sicher wäre ihm zu einem früheren Zeitpunkt noch zu helfen gewesen. Das Problem lag nur darin, daß ihn weder sein zunehmender Leidensdruck noch die Versuche verschiedener professioneller Helfer (darunter auch Ärzte) noch der Druck der Angehörigen zu einem früheren Zeitpunkt zu einer Behandlung zu bewegen vermochten.

Obwohl es natürlich sinnvoll wäre, Alkoholkranke zu einem recht frühen Zeitpunkt in Behandlung zu bringen, damit sie vor vielem Schaden und Leid bewahrt blieben, so zeigt sich in der Helferarbeit doch immer wieder, daß sie in einem frühen Stadium ihrer Erkrankung nicht bereit sind, sich helfen zu lassen. Darin liegen die Grenzen und die Tragik in der Helferarbeit bei Alkoholkranken. So bleibt nur die Hoffnung, daß zunehmender Leidensdruck sie irgendwann und hoffentlich noch rechtzeitig zur Vernunft bringt.

Allerdings stimmt die Aussage, daß Suchtkranke sich auf diese Weise zu Tode leiden, trotz gegenteiliger Beispiele so pauschal nicht. Die tragischen Beispiele sind die Ausnahmen.

Denn niemand leidet sich freiwillig zu Tode, solange er sein Leben noch als sinnvoll empfindet und darum weiß, daß es einen Ausweg aus seinem Leiden gibt, den er nur zu gehen braucht.

Zudem geht es ja beim Entstehenlassen des Leidensdrucks nie darum, einen Kranken unsinnig leiden zu lassen. Es ist ja im Gegenteil so, daß der Kranke sich sein Leiden durch sein uneinsichtiges Verhalten selber schafft – und er weiß das auch – und daß er es jederzeit beenden könnte. Es geht also nur darum, dieses durch Uneinsichtigkeit entstehende, zunehmende Leiden nicht durch helfendes Eingreifen zu verhindern, aus der Hoffnung heraus, daß der Kranke dadurch zur Besinnung und Einsicht kommen und irgendwann mit Trinken aufhören möge.

Es kann auch nie darum gehen, dieses Prinzip undifferenziert anzuwenden. Wenn zum Beispiel ein Ehemann im Suff seine Frau krankenhausreif schlägt, ist es für sie schwer zu entscheiden, ob sie ihn anzeigen soll in der Hoffnung, daß ihn der richterliche Druck endlich wachrüttelt und zu einer Behandlung bereit macht – oder ob eine Anzeige für ein mögliches weiteres Zusammenleben in Zukunft nicht eher zu einer schweren Belastung werden kann. Es gibt viele Beispiele, wo abgewogen werden muß. Denn ein Rest Unsicherheit über das richtige Helferverhalten bleibt.

Und es geht ja nicht nur um den Alkoholkranken allein, sondern auch um das Wohl seiner Angehörigen, die in erheblichem Maße mitleiden und Schaden miterleiden. Auch geht es nicht darum zu verhindern, daß Alkoholkranke in hochgradig vergiftetem oder gar lebensgefährlichem Zustand – auch gegen ihren Willen – in eine Klinik zur Entgiftung eingewiesen werden. Das vermindert körperlichen Leidensdruck, weil der Alkoholkranke gesundheitlich wieder aufgebaut wird. Aber es erzeugt auf der seelischen und geistigen Ebene wiederum Leidensdruck. Denn es gibt dem Alkoholkranken nach der Ausnüchterung sehr zu denken, daß es soweit mit ihm gekommen ist.

Die Möglichkeit, Leidensdruck zuzulassen, wird so lediglich verschoben. Schon so mancher Alkoholkranke kam auf diese Weise zur Einsicht und willigte endlich in eine weiterführende Behandlung in einer Fachklinik ein. Doch wäre es verfehlt, diese Erfahrung gegen das Konzept „Leidensdruck entstehen lassen" ins Feld zu führen. Denn zum einen zeigt gerade dieses Beispiel, daß auch auf diese Weise noch Leidensdruck entsteht. Zum anderen stehen gegen dieses Beispiel die vielen anderen Alkoholkranken, die trotz einer zwangsweisen Einweisung zur Entgiftung nicht mit Trinken aufhören und oft nach ihrer Entlassung gleich weitertrinken. Wie viele werden zum zigsten Mal in die Psychiatrie eingewiesen – die sogenannten Drehtürpatienten – und hören trotzdem nicht mit dem Trinken auf. Vielleicht würde längeres Abwarten bis zur nächsten Einweisung – vorausgesetzt, es besteht keine Lebensgefahr – zu mehr Erfolg führen? Das läßt sich nur vermuten.

Es ist auch müßig, darüber zu streiten, ob der gegen seinen Willen in eine Entgiftung Eingewiesene und dort zur Einsicht Gekommene vielleicht doch schon genügend Leidensdruck hatte und die Einweisung nur der letzte Anstoß zur Einsicht war. Sicher wird das oft der Fall sein, aber genau wissen wir das nicht.

> Was sich in der Praxis im Umgang mit Alkoholkranken lediglich immer wieder beobachten läßt, ist die Tatsache, daß die Alkoholkranken ihren eigenen Kopf haben und daß ohne genügenden Leidensdruck keiner mit dem Trinken aufhören will.

Fassen wir zusammen: Die zitierte Aussage, daß man helfen müsse, ehe sich der Suchtkranke zu Tode leidet, klingt für jeden Menschen, der helfen will, überzeugend. Hinter dieser Auffassung steht auch zweifelsohne ein hohes Ethos. Trotzdem stellt sich dabei die Frage, ob derjenige, der diese Aussage macht, sich mit Sucht und dem Süchtigen, speziell mit dem Alkoholkranken, genügend auskennt. Kennt er die innerpsychischen Zustände, die durchlaufen werden müssen, ehe der Alkoholkranke reif wird, etwas gegen seine Krankheit tun zu wollen? Und weiß er darum, daß Alkoholkranke ein erstaunlich hohes Maß an Leidensdruck aushalten können, ehe sie nicht mehr wollen? Steht nicht vielleicht auch eher der Leidensdruck des Helfers Pate hinter dieser Auffassung, der hilflos mitansehen muß, wie der Alkoholkranke sich und seine Familie immer mehr ins Elend bringt? Das ist natürlich schwer auszuhalten und verführt immer wieder zum Eingreifen. Doch kein Alkoholkranker *muß* sich, wie gesagt, zu Tode leiden. Auch nicht seine Familie. Alle Beteiligten können jederzeit Hilfe suchen und annehmen.

3.2 Widerspruch, weil Leiden vom Helfer nicht ausgehalten wird

Verfolgen wir den Gedanken, daß Helfer das Leiden, das sie bei Alkoholkranken und ihren Familien tatenlos mitansehen müssen, oft nicht aushalten können, weil sie selber daran zu leiden beginnen. Wie bereits angedeutet, ist es für jeden Menschen, der einen anderen leiden sieht, schwer, untätig zuzusehen. Es leuchtet auch gefühlsmäßig nicht ein, daß es wichtig sein soll, einen anderen leiden zu lassen, wenn man dazu in der Lage ist, das Leiden zu beenden. Denn wer gefühlsoffen ist, spürt das Leiden des anderen und leidet mit. Und alles in ihm drängt danach, dem anderen zu helfen.

Das hängt auch mit unserer Eigenerfahrung zusammen, daß wir alle von Natur aus Leiden vermeiden und nicht einem Leidensdruck ausgesetzt sein wollen. Eine solche Haltung ist völlig natürlich. Wir denken auch nicht gerne über Leiden nach, sondern sind eher bestrebt, Leiden so schnell wie möglich zu beseitigen.

Schließlich ist unser ganzes Gesundheitssystem darauf ausgerichtet, Leidensdruck möglichst rasch aufzuheben. Die Pharmaindustrie lebt davon, daß sie für jeden kleinen Schmerz ein Mittel bereithält. Wir haben dadurch auch schon längst verlernt, Leiden auszuhalten. So ist es nur natürlich, daß die meisten, die Alkoholkranken helfen wollen, sich genauso verhalten, wie sie es gelernt haben. Sie wollen durch ihr Helfen Leiden verhindern und nicht entstehen lassen! Das ist schließlich der Sinn ihres Helfens, des Helfens überhaupt. Es klingt für viele darum unmenschlich, wenn ihnen empfohlen wird, Leidensdruck anwachsen zu lassen anstatt ihn zu beseitigen. Darum wehren sich immer wieder Helfer dagegen und greifen aktiv ein.

Vor allem Angehörige schrecken fast ausnahmslos vor dem Gedanken zurück, beim Alkoholkranken Leidensdruck entstehen zu lassen. Viele Angehörige sagen: „Ich liebe ihn doch noch!“ Sie wehren sich gegen die Auffassung, daß gewartet werden muß, bis starker Leidensdruck die Widerstände des Alkoholkranken überwunden hat. Denn sie meinen, daß der Hilfeprozeß schneller ablaufen wird, wenn man dem Alkoholkranken frühzeitiger und aktiver hilft.

Schließlich geht es doch auch um sie und oft noch um die Kinder.

> Die Familie des Alkoholkranken will schließlich aus einsichtigen Gründen das Leiden auch für sich abkürzen. Denn gerade bei Angehörigen entsteht Leidensdruck meist noch schneller als beim Alkoholkranken selbst.

So tut Angehörigen nicht nur der alkoholkranke Partner leid, sondern sie selbst leiden zunehmend stärker unter diesem Zustand. Aufgrund ihrer Harmoniebedürfnisse und ihres eigenen Unwillens, Leidensdruck endlos lange auszuhalten, verstärken sie ihre Versuche, dem Alkoholkranken zu helfen und die schlimmsten Trinkfolgen zu beseitigen in der Hoffnung, daß es ihnen selbst dann auch wieder besser geht.

So verständlich ein solches Denken ist, so zeigt die Praxis leider immer wieder, daß es so nicht geht. Solches Denken ist zwar gut gemeint, führt aber nicht weiter, weil Alkoholkranke einfach nicht bereit sind, sich ohne starken Leidensdruck als „Alkoholiker“ zu sehen, geschweige denn, auch noch in eine „Säuferheilanstalt“ gehen zu sollen.

Wir wollen diese Gedanken in Kapitel 7 noch einmal aufgreifen, nachdem wir ausführlicher gesehen haben, was Trinken für den Alkoholkranken bedeutet und was ihn hindert, mit dem Trinken aufhören zu können.

3.3 Widerspruch aus logotherapeutischer Sicht

Von einer völlig anderen Sichtweise her widerspricht Elisabeth Lukas dem Konzept „Leidensdruck entstehen lassen“. Sie vertritt die Auffassung, daß nicht Leidensdruck einen Alkoholkranken zu der Einsicht bringt, sein Leben zu ändern, sondern die geistige Not, die in Kapitel 2.4 als „geistiger Leidensdruck“ beschrieben wurde.

Sie versteht die geistige Not jedoch nicht als Leidensdruck. In ihrem Buch „Lebensbesinnung“ schildert sie ein Beispiel, das ihre Auffassung belegen soll: Ein Mann war beruflich starkem Streß und zusätzlichen Intrigen ausgesetzt. Deswegen trank er immer mehr, um sich wenigstens zeitweise von diesem Streß und Druck befreien zu können. Infolge des Trinkens kam es jedoch zu familiären Konflikten, Tätlichkeiten, Scheidungsdrohung der Ehefrau und Verlust des Führerscheins. Zuletzt wurde er durch die Polizei zur Entgiftung in die Psychiatrie gebracht. Elisabeth Lukas schildert damit ein häufiges Schicksal von Alkoholkranken.

Diesem Mann wird nun während seiner Entgiftungsbehandlung empfohlen, sich in eine nachfolgende Therapie zu begeben. Er beginnt eine ambulante Logotherapie bei Elisabeth Lukas. Sie läßt ihn über sein Leben und Zusammenleben mit seiner Frau und seinen Kindern nachdenken und Bilanz seines Lebens ziehen. Das führt dazu, daß dieser Mann trocken bleibt – also nicht mehr trinkt – und sein Leben wieder in den Griff bekommt. Das Familienleben beginnt wieder harmonisch zu verlaufen. Und er verändert verschiedenes in seinem Leben, das ihn vorher belastet hat. Elisabeth Lukas will mit diesem Beispiel zeigen, daß nicht wesentlich Leidensdruck zu dieser Lebenswende geführt habe, sondern die „Vision von Lebenszielen, die des Menschen würdig sind …“ [2]

Warum diese Frontstellung gegen das Konzept „Leidensdruck entstehen lassen“? Es war doch auch in diesem Beispiel ganz klar der Leidensdruck, der bei dem Alkoholkranken durch sein Trinken und der daraus resultierenden Lebenssituation entstanden ist und ihn in die Psychiatrie gebracht hat. Und der Leidensdruck war es doch wohl auch, der ihn in ihre Therapie geführt hat, weil er vermutlich so wie vorher nicht mehr weiterleben wollte. Er war gefangen gewesen in seiner Sucht und hatte keinen anderen Ausweg mehr gesehen. Dabei konnte er sich am Anfang wohl auch nicht vorstellen, was eine Therapie an seiner Lage ändern sollte.

Aber er wollte sicher „wegkommen vom Trinken, weil es so nicht mehr weitergehen kann“, wie viele Alkoholkranke es ausdrücken, die sich für eine Therapie entschieden haben.

Und sie sagen gewöhnlich weiter: „Ich will mein Leben wieder in den Griff bekommen." So war es vermutlich bei diesem Mann auch.

Natürlich ist, wenn es bei einem Alkoholkranken zur Wende kommt, der Wunsch nach einem anderen, sinnvolleren Leben vorhanden. Natürlich ist da eine Hoffnung, daß es einen Ausweg in ein besseres Leben gibt. Insofern hat Elisabeth Lukas völlig recht. Doch immer war es auch der unerträglich gewordene Leidensdruck, der an diesen Punkt geführt hat.

Einige Seiten weiter (Seite 105) schildert sie in ihrem Buch ein anderes Beispiel, wo ein Alkoholkranker mit dem Trinken aufhören konnte, weil er einen Sinn für das Abstinentwerden gefunden hatte. Sie schreibt dazu: „Eine schwere Erschütterung war notwendig gewesen, um ihn in seinem personalen Kern zu erreichen." Was ist das anderes als Leidensdruck?

Leidensdruck, wenn er groß genug ist, ist gepaart mit dem Wunsch nach einem besseren, sinnvolleren Leben – hoffentlich. Denn sonst mündet die Verzweiflung leicht in den Selbstmord. Es führt nichts daran vorbei, daß man als Helfer Leidensdruck nicht wegnehmen darf. Aber gleichzeitig ist es auch unerläßlich, in dem Alkoholkranken, der aufhören will, die Hoffnung zu wecken, daß er es schaffen kann und sein Leben ohne Alkohol reifer, reicher und sinnvoller werden kann.

Leidensdruck entstehen lassen und Sinnvermittlung gehören zusammen.

Auch hier ergibt sich also, daß Leidensdruck zur Persönlichkeitsänderung und Reifung notwendig ist.

Trotz alledem handelt es sich bei der Begründung der Forderung, Leidensdruck entstehen zu lassen, zunächst um eine Behauptung. Diese Forderung soll darum im weiteren begründet werden. Dazu ist es jedoch wichtig, die Gründe kennenzulernen, warum Alkoholkranke trinken. Und es ist wichtig, die Ursachen zu erkennen, warum sie sich trotz deutlich zunehmenden Leidensdrucks so lange gegen Hilfe sträuben. In Kapitel 11 und 12 werden wir sehen, daß Leidensdruck sich auch noch von anderen Lebensbereichen her begründen läßt.

4. Warum Alkoholkranke trinken

Die Frage, warum Alkoholkranke trinken, wurde schon mehrfach kurz beantwortet. Auf diese Frage soll in diesem Kapitel eine ausführlichere Antwort gegeben werden.

Kennt man einen Alkoholkranken näher, ahnt man bald, daß er sehr leiden muß, wenn er so verzweifelt trinkt. Doch wenn es soweit ist, ist er bereits in der Krankheitsphase des Alkoholismus.

> Lange Zeit vorher, und das ist das Problem dabei, *verursacht* das Alkoholtrinken nicht Leiden, sondern *nimmt* es weg. Das Leiden, das aus dem Trinken entsteht, tritt erst Jahre später auf.

In dieser Eigenschaft des Alkohols liegt seine Suchtpotenz oder – anders gesagt – der Grund, warum Menschen, die an ihren Gefühlen leiden, dem Alkohol verfallen.

Spätere Alkoholkranke leiden schon lange, ehe sie alkoholkrank werden, an irgendwelchen unangenehmen Gefühlen. Sie leiden an sich und ihrem Leben und kommen nur schwer damit zurecht. Ihnen fehlt gefühlsmäßig etwas. Doch das finden sie im Alkohol. Durch Trinken schwinden in der Anfangszeit der Erkrankung zum Beispiel ihre Hemmungen und Ängste. Ihre Stimmung bessert sich, sie werden euphorisch und fühlen sich hervorragend. Sie können lachen und ausgelassen sein, auch wird ihre sexuelle Empfindsamkeit schöner. Das Leben wird für sie lustvoll, sie fühlen sich so, wie sie es sich schon immer gewünscht hatten. Sie haben unter Alkoholeinfluß auf einmal alle die Fähigkeiten und Gefühle, die sie vorher so schmerzlich vermißten und die sie nüchtern nicht haben. Alkoholtrinken läßt sie also leidensfreier sein und sich stärker und freier fühlen. Es ist für sie genußvoll, weil es ihnen das Gefühl vermittelt, mithalten zu können und wer zu sein.

Hier ein Beispiel für einen anderen Trinkgrund: Ein Alkoholkranker hatte nach seinem Arbeitstag auch noch einen unangenehmen Zahnarztbesuch hinter sich gebracht mit der Aussicht, nochmals kommen zu müssen. Und da er alleinstehend war, wartete jetzt nur sein einsames Zimmer auf ihn. Auf dem Heimweg dachte er: „Jetzt steht wieder einer der langen, trostlosen Abende vor mir.“ In dieser Stimmung wurde dann der Wunsch zu trinken übermächtig, weil Trinken für ihn bedeutete, daß er seinen trostlosen Abend mit etwas für ihn Schönem ausfüllen konnte und er sein Alleinsein nicht mehr spüren mußte.

> Das Wegtrinken von frustrierenden Gefühlen ist sicher einer der häufigsten Trinkgründe.

Bei Jugendlichen sind aufgrund ihrer besonderen Lebenssituation wieder andere Gründe vorherrschend. Weil sie zu Hause oft zu wenig Wärme und Anerkennung erfahren, leiden sie unter Hemmungen und Versagensängsten in der Schule und haben wenig Selbstvertrauen. Trinken wird für sie dann zum Ersatz für Selbstbewußtsein, Zuneigung und Wärme. Sie fühlen sich dadurch sicherer.

Häufig ist ihr Trinken reines Imponiergehabe. Sie werden in der für sie so wichtigen Clique der Gleichaltrigen anerkannt und erlangen durch Trinken den für sie so wichtigen Status. Sie sind jetzt wer. Auch fühlen sie sich mit Alkohol den Idealgestalten in Film und Werbung ähnlicher: locker drauf, dynamisch, erfolgreich.

Die Jugendlichen, die nicht lernen, ihre Bedürfnisse mit der Zeit auf andere Art auszugleichen, geraten so unmerklich in den Sog der Sucht und kommen vom Alkohol nicht mehr los.

Es braucht wohl nicht mehr besonders betont zu werden, daß auch Frauen und alte Menschen ihre ureigensten Trinkgründe haben, die aus ihrer jeweiligen Lebenssituation entstehen.

Mit den beschriebenen Trinkgründen sind nur einige der wesentlichsten Gefühlsänderungen genannt, die durch die Alkoholwirkung eintreten. Jeder Alkoholkranke hat, wie gesagt, seine ganz individuellen Probleme und Leiden an seinem Leben, die er wegtrinkt. Summarisch läßt sich sagen: Die beginnenden Alkoholkranken geraten durch Alkoholtrinken in einen gefühlsmäßigen Zustand, der ihnen ihr Leben auf einmal wieder lebenswert erscheinen läßt.

Alkoholkranke haben also einmal angefangen zu trinken, um die Einschränkungen und das Leid ihres Lebens auszugleichen. Mit der Zeit sind sie gar nicht mehr fähig, auf diese „Lebenshilfe", die Alkohol ihnen schenkt, zu verzichten. Wenn sie mit dem Trinken wieder aufhören sollten, fürchten sie, daß das ganze Leid ihres Lebens, alle Hemmungen, Ängste und Unfähigkeiten und alle die depressiven Gefühle wieder über sie hereinbrechen werden. Diese Vorstellung allein ist für sie so erschreckend, daß sie ausreicht, lange Zeit die Augen vor den immer stärker werdenden negativen Trinkfolgen zu verschließen und diese zu verleugnen.

4.1 Alkohol hat einen Pferdefuß

Doch das Trinken von Alkohol, um die eigene Realität nicht aushalten zu müssen, hat einen Pferdefuß: Die anfängliche euphorische Stimmung schwindet mit den Jahren. Nach und nach erzeugt das Alkoholtrinken selber Leiden, das wir uns in Kapitel 2 in den vier wesentlichen menschlichen Bereichen bereits angesehen haben.

Aus den oben erwähnten Gründen jedoch sind Alkoholkranke lange bereit, dieses Leiden zu ertragen, immer auch in der Hoffnung, diese alten und schönen Gefühlszustände wenigstens noch einmal erleben zu können. Gelingt dies nicht mehr, so können sie sich mit Hilfe des Trinkens wenigstens einige Stunden Vergessen im Schlaf verschaffen. Doch letzten Endes muß man für alles bezahlen, für das süchtige Trinken ganz besonders.

Daß der Alkoholkranke für sein falsches Verhalten bezahlen muß, indem er durch sein Trinken mit der Zeit anfängt zu leiden – was er allerdings zu verheimlichen sucht –, zeigen deutlich die „Phasen nach Jellinek“, ein gebräuchliches Verlaufsschema der Alkoholkrankheit, das viele Hinweise für das zunehmende Leiden des Alkoholkranken enthält: Der Alkoholkranke schämt sich immer häufiger seines Trinkens, und es ist ihm unangenehm, darüber zu sprechen. Er trinkt darum lieber heimlich.

Immer mehr leidet seine Selbstachtung unter dem ständigen „Versagen“, wenn er sich wieder vorgenommen hatte, weniger zu trinken, und er es doch nicht schaffte. Es kommt mit der Zeit zu all den bereits erwähnten Leiden und negativen Trinkfolgen. Immer häufiger treten auch sehr unangenehme körperliche und geistige Erkrankungen auf, die Klinikaufenthalte immer öfter notwendig machen.[3]

> Durch das immer stärkere und bedrohlichere Anwachsen der negativen Trinkfolgen entsteht durch das Trinken selbst enormer Leidensdruck, der gewöhnlich schlimmer ist als der anfangs durch Trinken bekämpfte.

Dieser Leidensdruck beginnt langsam und steigert sich immer mehr. Nur die Tatsache, daß Alkohol dem Alkoholkranken gleichzeitig hilft, wenigstens zeitweise durch Rausch und Betäubung dieses Leiden nicht spüren zu müssen und andere Gründe, die im nächsten Kapitel beschrieben werden, halten ihn noch davon ab, sich einer helfenden Behandlung zu unterziehen.

Doch mit der Zeit wird der Druck dieses Leidens so stark, daß der Alkoholkranke langsam ahnt, daß er irgendwann mit dem Trinken aufhören und sich einer Behandlung unterziehen muß. Er müßte also jetzt für seine falsche anfängliche Lebenshilfe durch zunehmend stärkeres Leiden schwer bezahlen. Er käme dadurch aber auch zur Besinnung, wenn nicht wohlmeinende Helfer auftreten würden, um diesen wichtigen Leidensdruck in bester Absicht wegzunehmen. Es ist für Helfer daher wichtig zu erkennen, daß der Alkoholkranke wahrscheinlich längst zusammengebrochen wäre und Hilfe gesucht hätte, wenn er nicht immer wieder von irgendwem gestützt worden wäre.

5. Warum das Aufhören oft schwerfällt

Wir haben bereits mehrfach gesehen, warum es wichtig ist, Leidensdruck nicht wegzunehmen. Dieser Gedanke soll hier noch weiter begründet werden. Leidensdruck, so unangenehm er ist, ist notwendig – buchstäblich: Not-wendig –, wenn sich im Krankheitsverlauf des Alkoholkranken etwas ändern soll. Denn man unternimmt gegen ein Leiden in der Regel erst etwas, wenn es einem angst macht und es bedrohlich wird. Allerdings dauert es oft sehr lange, bis der Alkoholkranke dieses Stadium erreicht, weil ihm sein Trinken – wie schon erwähnt – zunächst Leiden nimmt, ehe es Leiden schafft.

Da der Alkoholkranke also anfänglich durch sein Trinken das Gegenteil von Leidensdruck erlebt, nämlich Leidensfreiheit, ist er aus diesem Grund auch nicht bereit, so schnell auf sein Trinken zu verzichten. Alkohol hat ihm immerhin lange Zeit geholfen und innere Ruhe verschafft. Darum hat Alkohol einen so ungeheuer hohen Stellenwert für ihn gewonnen, daß man ihm sein Trinken nicht ausreden kann und auch vernünftige Argumente nicht bewirken, daß er mit dem Trinken aufhört. Sachliche Argumente gegen das Trinken werden durch die Wirklichkeit des Genusses und der ersehnten, durch das Trinken erreichbaren Gefühlsveränderung, hinweggespült.

Nicht einmal Drohungen nützen viel. Der Alkoholkranke wird eher versuchen, dann heimlich zu trinken. Auch wenn ihm seine Einsicht sagt, daß das nicht immer so weitergehen kann und alle, die ihn drängen, ja recht haben und sein Trinkverhalten auch kein gutes Ende nehmen wird, verdrängt er durch Weitertrinken diese unangenehme Wahrheit und schiebt das unvermeidliche Ende hinaus.

Da ihm Alkohol zudem auch vermittelt, daß doch alles nicht so schlimm und tragisch ist, wie seine Umwelt dauernd tut, sieht er auch von daher keine Notwendigkeit, mit dem Trinken aufzuhören. Und wenn die Realität doch einmal in sein alkoholisiertes Bewußtsein durchdringt und er erkennt, was er durch sein Trinken anrichtet, dann schiebt er die Schuld einfach auf andere oder die Verhältnisse, um sich nicht ändern zu müssen.

5.1 Schamgefühle

Ein wesentlicher Grund, warum beim Alkoholkranken starker Leidensdruck notwendig ist, besteht darin, daß Leidensdruck erst seine Scham überwinden muß. Er schämt sich, sich einzugestehen, daß er „Alkoholiker" geworden ist. Denn dieser Begriff ist immer noch stark negativ besetzt. Alkoholismus gilt bei vielen als Makel. Häufig wird die Gleichung vollzogen: Alkoholiker = Penner. Viele stellen sich auch heute noch so den Alkoholkranken vor. Dieser wehrt sich darum verständlicherweise lange gegen die Einsicht, alkoholkrank zu sein. Denn das bedeutet für ihn, abgestempelt zu sein und als verachtenswerte Person angesehen zu werden.

Ein wegen Alkoholauffälligkeiten in die Beratungsstelle gekommener Mann wehrte sich: „Ja, ich weiß, ich habe da etwas zu viel getrunken, das war nicht gut. Aber Alkoholiker bin ich deswegen noch lange nicht!" Solche Aussagen sind häufig zu hören, auch wenn für den Fachmann die Diagnose Alkoholismus ziemlich sicher ist.

> Daran wird deutlich, daß die Scham und der Stolz des Alkoholkranken erst durch Leidensdruck überwunden oder zumindest abgebaut werden müssen, ehe er sich seine Alkoholabhängigkeit eingestehen kann.

Ohne Not ist dazu niemand bereit.

Gleiche Schamgefühle werden auch von den nächsten Angehörigen empfunden. Sie wollen diese unangenehme Tatsache lange nicht wahrhaben und verschließen vor dem Problem darum lieber die Augen.

Bei anderen Krankheiten ist das nicht so. Denn kaum eine andere Krankheit erzeugt ein solches Gefühl des Versagens. Von Außenstehenden ist es darum meist gedankenlos, den Alkoholkranken dazu aufzufordern, dieses Eingeständnis endlich zu leisten. Es ist leicht, diese Forderung zu stellen, wenn man die Scham nicht selber aushalten muß.

Es ist schlimm, zusehen zu müssen, wie der Alkoholkranke sich immer mehr schadet. Andererseits ist es verständlich, wenn er sich gegen die Erkenntnis wehrt, alkoholabhängig zu sein. Lange sagt er sich, daß andere doch auch trinken können und dabei nicht versagen. Warum muß dies gerade bei ihm geschehen, warum soll gerade er nicht mehr Alkohol trinken können wie jeder andere auch? Schließlich hängt auch seine Selbstachtung davon ab, daß er sich wieder in den Griff bekommt, aus eigener Kraft und ohne fremde Hilfe. Darum versucht er auch verzweifelt und oft lange Zeit, das wieder zu schaffen.

Alle diese Versuche müssen ihm erst gründlich mißlingen, ehe er einsieht, daß es nicht mehr geht. Nur der mit der Zeit anwachsende Leidensdruck bringt ihn notgedrungen zu der Erkenntnis, daß er aufhören muß.

5.2 Ängste

Doch der Alkoholkranke leidet nicht nur unter seiner Scham, er hat auch eine Menge Ängste. Da Alkohol ihm ein wichtiges Mittel zur Angstbewältigung geworden ist, kann er sich nur schwer vorstellen, wie er ohne Alkohol mit sich und seinen

Ängsten zurechtkommen soll. Zu dieser schwerwiegenden Angst kommt noch eine weitere: nie mehr Alkohol trinken zu dürfen.

Ein Alkoholkranker: „Ich hatte immer noch Angst, das Trinken aufzugeben, denn ich wußte nicht, was aus mir werden würde, wenn ich es tat.“ Eine alkoholkranke Frau: „Ich war eine verängstigte Frau, die verzweifelt eine Krücke suchte, um weiterleben zu können. Diese Krücke war der Alkohol, und ich wußte nicht, wie ich ohne ihn leben könnte. Als mir mein Arzt sagte, ich solle Alkohol nie wieder anrühren, konnte ich ihm einfach nicht glauben. Er war kein Mann, der trank, er wußte nicht, wie es war, wenn man Alkohol brauchte, noch wußte er, was ein kleines Schlückchen für einen Menschen tun konnte.“

Wie also soll der Alkoholkranke das aushalten, keinen Alkohol mehr zu trinken? Nie wieder die Erleichterung zu verspüren, die Alkohol ihm schenkt, nie wieder zu trinken, was ihm oft erst ein normales Leben mit anderen ermöglicht hat. Wenn zudem Alkoholtrinken im bisherigen Leben ein fester Bestandteil gewesen ist, fällt es ihm nicht leicht, sich vorzustellen, daß es so nie wieder sein wird. Auch diese Ängste sind für manchen Alkoholkranken Grund genug, eine ganze Menge negativer Trinkfolgen auf sich zu nehmen.

> Der Alkoholkranke fürchtet darum, „das loszulassen, was [ihm] bis dahin Sicherheit zu bieten vermochte oder jedenfalls den entsprechenden Anschein erweckte.“ [4]

Hinzu kommt die Angst, „fort“ zu müssen, in eine Klinik, wodurch zudem noch offenkundig wird, was mit ihm los ist. Und die Angst vor der Klinik, da er nicht weiß, was da auf ihn zukommt und was mit ihm gemacht wird. Er fragt sich: „Was wird aus meinem Arbeitsplatz, wenn dort bekannt wird, daß ich Alkoholiker bin? Was wird mein Partner dazu sagen und was werden meine Kinder von mir denken?“ Auch diese Ängste halten ihn davon ab, endlich zuzugeben, alkoholabhängig zu sein.

Solche Ängste müssen ernstgenommen werden. Für den Helfer ist es leicht zu sagen, „das ist doch alles Unsinn, schließlich wissen es ja schon alle“. Der Alkoholkranke hält lieber an seinem Glauben fest, daß es so schlimm nicht um ihn stehen kann und andere es noch nicht bemerkt haben könnten. Daß er manchmal etwas zuviel trinkt, klar, das ist bekannt. Aber daß er ein Alkoholiker sein soll, das darf nicht sein.

Also trinkt er lieber weiter, anstatt sich diese unangenehme Erkenntnis einzugestehen. Und zudem, glaubt er, wird er sich schon wieder in den Griff bekommen. Für diesen Versuch ist er bereit, eine ganze Menge Leiden zu ertragen. Das ist immer noch besser, als Alkoholiker zu sein.

Die Darstellung dieser Ängste ist zwar etwas schematisch, aber sie kann in etwa einsichtig machen, wie es in Alkoholkranken aussieht, warum es ihnen so schwerfällt, mit dem Trinken aufzuhören, und warum alle diese Ängste erst überwunden sein müssen, ehe sie es schaffen, sich ihren wahren Zustand einzugestehen.

Diese Überwindung kann der Helfer nicht durch Versuche erreichen, ihren Zustand einsichtig zu machen, sondern hauptsächlich durch Abwarten und Entstehenlassen von Leidensdruck. Denn Einsicht hat der Alkoholkranke von einem bestimmten Punkt an schon, doch diese reicht einfach nicht aus, seine Ängste zu überwinden. Erst wenn sein Leiden, hervorgerufen durch sein Trinken, stärker wird als das Leiden an seinen Ängsten, wird er diese überwinden können. Hans Curt Fleming drückt das treffend aus: „Es gibt so viele Gründe, alles beim alten zu lassen und nur einen einzigen zu verändern – du hältst es einfach nicht mehr aus.“ [5]

Eine Stelle aus der Odyssee von Homer kann das Gesagte

gleichfalls veranschaulichen: Odysseus ist mit einem Floß auf dem Meer unterwegs und wird vom Sturm hilflos umhergetrieben. Eine Göttin gibt ihm ihr Kopftuch, mit dessen Hilfe er das rettende Ufer erreichen könnte. Aber Odysseus kann sich nicht dazu überwinden, das noch sicher erscheinende Floß zu verlassen und sich den ungewissen Fluten und dem Kopftuch anzuvertrauen, das ihm Rettung bringen soll. Er sagt: „... Solange nur die Stämme in den Klammern zusammenhalten, solange werde ich hier bleiben ... Doch wenn der Wogengang mir nun das Floß wird auseinanderrütteln, will ich schwimmen ...“ [6]

Der Vergleich ist deutlich: Wie Odysseus klammert sich der Alkoholkranke fest, sein Floß ist der Alkohol. Auch wenn dieser ihn schon dem Untergang entgegenführt, gibt er ihn erst im allerletzten Moment auf. Darum braucht der Alkoholkranke sehr viel Leidensdruck, um seine Angst zu überwinden und endlich mit dem Trinken Schluß machen zu wollen.

5.3 Schmerzlicher Verzicht ist unvermeidlich

Es soll an dieser Stelle nochmals in aller Deutlichkeit gesagt werden, daß Alkohol dem Alkoholkranken nicht nur Lebensschwierigkeiten abnimmt, sondern daß er ihm lange Zeit in erster Linie Genuß verschafft hat. Im Rückblick auf all die schönen Stunden, die mit Alkohol erlebt wurden, leuchten oft auch bei überzeugt trockenen Alkoholikern die Augen.

Häufig wird in der Gruppe in der Rückerinnerung geschwärmt, wie toll man sich doch früher gefühlt hat. „Es gab auch viele schöne Zeiten in der nassen Zeit“, wird oft gesagt, um deutlich zu machen, daß das Trinken ja nicht nur einer Schwäche zuzuschreiben ist. Es war ein Überschwang der Gefühle, ein Ausgelassensein und ein ungeheures Hochgefühl, das positiv erlebt wurde und dessen jetziges Fehlen in der Abstinenz oft schmerzlich vermißt wird. Aus diesem Grund wird ebenfalls am Alkoholtrinken so zäh festgehalten, „aus Angst, diese Lust und Lebensquelle zu verlieren".[7]

> Was den Verzicht auf Alkohol auch so schwer macht, ist die Tatsache, daß der Alkoholkranke, der gesund werden will, lebenslang alkoholabstinent leben muß.

Er darf nie wieder Alkohol trinken, auch nicht den kleinsten Schluck. Überall muß er darauf achten, daß kein Alkohol in irgendwelchen Speisen enthalten ist. Das macht die Lebensaussichten nicht gerade erfreulich. Der Helfer, vor allem, wenn er nicht selbst alkoholabstinent lebt, sollte sich immer fragen, wie leicht ihm selbst eine solche Entscheidung fallen würde. Und die abstinenten Helfer, die sich längst an ihre Abstinenz gewöhnt haben, sollten sich wieder zurückerinnern, wie schwer es ihnen gefallen ist, abstinent zu werden.

Dadurch, daß der abstinent gewordene Alkoholkranke nicht mehr mittrinken kann, schließt er sich auch von vielen Geselligkeiten aus. Und das in einer Gesellschaft, in der fast zu jeder Gelegenheit Alkohol getrunken wird.

Jeder trockene Alkoholiker weiß, daß diese geselligen Zeiten deshalb für ihn nie mehr kommen werden. Er erlebt jetzt zwar eine andere, positivere Fröhlichkeit, die er nicht mehr gegen die nasse Zeit eintauschen möchte, doch die alten, nassen Zeiten waren trotz alledem auch „nicht ohne".

Der nasse Alkoholiker, der mit dem Trinken aufhören soll, weiß zudem noch nichts davon, daß er durch Abstinenz eine andere Lebensfreude erreichen kann. Er sieht nur mit großem Erschrecken, was alles nicht mehr sein wird, wenn er mit dem Trinken aufhören würde. Denn zutiefst spürt er, daß er dann auf alle die Wohltaten des Alkohols verzichten müßte. Das will und kann er nicht. Alles in ihm sträubt sich dagegen. Noch fühlt er sich durch das Trinken gut, und die schon eingetretenen negativen Folgen erscheinen ihm nicht so schlimm und unwiderruflich. Darum schiebt er die Entscheidung, mit dem Trinken Schluß zu machen, lieber auf. Der vom Trinken verursachte Leidensdruck muß schon wesentlich größer sein als all die Lebenslust, die im alkoholisierten Zustand möglich war, bevor er dem Verzicht auf Alkohol gedanklich näherkommen kann.

6. Leidensdruck führt zur Einsicht und zur Persönlichkeitsänderung

Wenn der Alkoholkranke jedoch noch nicht an seinem Tiefpunkt angelangt ist, anders ausgedrückt: in seiner „Gosse“ kann er nicht mit dem Trinken aufhören. Denn solange er nicht von innen heraus bereit ist, auf die Verbesserung seiner Gefühle und die Bewältigung seines Lebens mit Hilfe von Alkohol zu verzichten, wird er ganz selbstverständlich weitertrinken. Manchmal ganz offen, um sich und anderen zu beweisen, daß er kein Alkoholiker ist; wenn ihn seine Schamgefühle daran hindern, dann eben heimlich. Erst Leidensdruck läßt in ihm die Einsicht reifen, daß er damit aufhören und er wohl oder übel den schwereren Weg einer Therapie gehen muß, um mit sich und seinen Gefühlen endlich umgehen zu lernen.

Leidensdruck macht ihn jedoch nicht nur behandlungswillig, sondern überhaupt erst behandlungsfähig. Denn ohne diesen Druck kann die Einsicht, daß er Schluß machen muß mit seinem Trinken, nicht in ihm reifen, und ohne ihn wird er in einer Therapie nicht wirklich an sich arbeiten. Doch durch das Hindurchgehen durch schlimmen Leidensdruck kann letztlich die Krankheit Alkoholismus für ihn zu einem Anstoß werden, sein Leben zukünftig gesünder zu leben, wenn er mit Hilfe einer Therapie sein Kranksein aufgearbeitet hat. Doch der Abschied vom bisherigen Leben geht nie ohne seelischen Schmerz ab.

Viele Helfer jedoch, vor allem Angehörige, geraten angesichts des wachsenden Leidensdrucks viel zu schnell in Angst und meinen, wenn man den Alkoholkranken losläßt und seinem „Trinkerschicksal“ überläßt, daß er dann „kaputtgeht“ und nicht mehr zu retten ist.

Doch in Wirklichkeit geschieht das scheinbar Paradoxe: Der Alkoholkranke geht in der Regel nicht kaputt, sondern wird stärker und entwickelt sich zu einer reifen, verantwortungsbewußten Persönlichkeit!

Natürlich kommt es dahin erst über den Umweg seines seelischen und meist auch körperlichen Zusammenbruchs und Tiefpunktes. Zu diesem Tiefpunkt muß in ihm auch die Erkenntnis wachsen, daß sich das anfängliche Lusterleben mit Hilfe von Alkohol längst ins Gegenteil verkehrt hat und noch so viel Trinken die früheren lustvollen Gefühle nicht wiederbringen kann.

Aus der Tiefe seiner Persönlichkeit entwickelt sich nun die Einsicht und der Wunsch, ein neues, tauglicheres Leben zu beginnen, das nicht mehr scheitert. Mit Hilfe einer Therapie schafft er das gewöhnlich auch. Alkoholkranke, die sagen können, sie seien froh, Alkoholiker geworden zu sein, weil diese Krankheit sie gezwungen habe, an sich zu arbeiten und daß sie ohne diese Krankheit nie soweit wie jetzt mit ihrer Abstinenz gekommen wären, bestätigen dies.

Ein trockener Alkoholkranker: „Ich habe viele Fehler in meinem Leben gemacht, aber ich habe aus ihnen gelernt und bin daran gewachsen.“ Ein anderer: „Als ich meinen Tiefpunkt erreicht hatte, begann mein neues Leben.“ In den AA-Informationen heißt es dazu:

„Nur durch die Erfahrung der schlimmsten Niederlagen können wir die ersten Schritte zur Befreiung und Stärke tun.“ [8]

Heinz Zahrnt unterstreicht dies: „Leid kann … auch eine (sehr) produktive Kraft sein." [9] Oder Christa Jänicke, die anhand von Märchen darstellt, daß das Leiden der Märchenhelden „symbolische Bilder" sind „für das Leiden, das mit jeder Krise, jeder tiefgreifenden Wandlung und Erneuerung einhergeht und das notwendig ist, um neuen Kräften den Weg zu bahnen". Sie bringt zum Ausdruck, daß wir Leiden nicht nur negativ sehen sollten, sondern positiv auch seine Sinnhaftigkeit.[10]

Alkoholismus erzeugt mit der Zeit immer größeren Leidensdruck. Das ist für alle Betroffenen sehr unangenehm und doch gleichzeitig eine Chance – auch für die Angehörigen –, weiter zu wachsen und zu reifen. So gesehen, ist eine Suchtkrankheit bei aller Not, die sie erzeugt, nicht nur negativ zu bewerten. Denn Leidensdruck ist fast immer notwendig, um falsches Verhalten erkennen und umkehren zu können.

Leider kommt es zu der beschriebenen Persönlichkeitsänderung nicht bei allen Alkoholkranken. Viele werden aufgrund ihres Leidensdrucks irgendwann nur trocken. Das heißt, sie trinken zwar nicht mehr, verändern sich aber in ihrer Persönlichkeit nicht. So ist es ganz natürlich, daß sie mit ihrem Leben auch nicht zufrieden sind, denn bald merken sie, daß sie nach wie vor nicht damit zurechtkommen. Sobald die Schrecken ihrer Trinkzeit verblaßt sind, meldet sich wieder das Trinkverlangen an – der „Saufdruck", wie viele dazu sagen. Und dann ist es nur eine Frage der Zeit, bis sie rückfällig werden.

Andere wieder werden auch nur trocken, trinken aber nicht mehr. Auch sie sind mit ihrem Leben nicht zufrieden. Was sie jedoch aufrecht und trocken hält, ist ihr Stolz, es geschafft zu haben, und häufig auch die Kameradschaft und die Stütze, die sie in einer Abstinenzgruppe erfahren.

Viele Angehörige wären natürlich goldfroh, wenn ihr Partner es wenigstens soweit schaffen würde, denn das wäre gegenüber dem „nassen" Zustand tausendmal besser. Alles erscheint dem Angehörigen in der nassen Zeit besser als das Trinken des Partners. Hauptsache, er hört mit dem Trinken auf und wird nicht mehr rückfällig. Doch besser ist es in jedem Fall, wenn der Alkoholkranke seine Chance nützt, die ihm seine Krankheit und ihre Bewältigung eröffnet haben. Denn auch die Partnerschaft kann nur so wieder gesunden.

7. Helfen – aber konstruktiv

Kaum ein Helfer oder gar ein Angehöriger kann, solange der Alkoholkranke trinkt, an eine positive Persönlichkeitsänderung denken oder gar glauben. Was er vor Augen hat, ist lediglich der unaufhaltsame Niedergang des Alkoholkranken und die Auflösung der Familie. Meistens spürt er nur eine große Verzweiflung, weil niemand dem Alkoholkranken helfen kann.

Gerade Angehörige können sich kaum noch vorstellen, daß ihre Lage sich je ändern wird und das Wunder geschieht, daß ihr Partner mit dem Trinken aufhört. Darum ist es für sie wichtig zu erfahren: Alkohol hilft nicht ewig!

Denn so sehr Alkohol gute Gefühle erzeugt oder der Alkoholkranke sich mit seiner Hilfe betäuben kann: auf Dauer läßt sich, wie wir bereits gesehen haben, auch mit Alkohol – und wenn noch soviel und stark getrunken wird – die Realität nicht ausblenden. Irgendwann wird der Alkoholkranke von den Folgen seines Trinkens eingeholt, und nun hilft auch Alkohol nicht mehr. Sein Leiden ist jetzt schlimmer, als es je war. Damit ist der Alkoholkranke an dem bereits erwähnten Punkt angelangt, an dem er eine echte Chance hätte, endlich zur Vernunft und zu der Einsicht zu kommen, daß er etwas gegen sein Trinken unternehmen muß.

Doch jetzt treten gewöhnlich, wie wir auch schon gesehen haben, die Helfer auf den Plan, die das Leiden des Alkoholkranken nicht mehr länger mit ansehen können.

7.1 Helfer wollen helfen – aus welchen Motiven auch immer

Alle, die einem Alkoholkranken helfen wollen, tun dies aus den verschiedensten Gründen, von denen wir bereits einige kennengelernt haben. Betrachten wir weitere Gründe.

Solange sie sich mit der Gefühlswelt des Alkoholkranken nicht vertraut gemacht haben, ist es für viele Helfer schwer, Leiden zuzulassen und zu akzeptieren, daß vernünftige Argumente oder Hinweise auf die Folgen oder letztlich Drohungen nichts nützen sollen. Doch auch anschließend fällt es ihnen immer noch schwer, diesen Tatbestand zu akzeptieren, weil er sie hilflos macht. Denn nichts fällt schwerer, als sich einzugestehen, nichts tun zu können und diese Hilflosigkeit auszuhalten zu müssen.

> Helfer versuchen darum immer wieder, den Alkoholkranken zum Aufhören zu bewegen, nur um die eigene Angst und Hilflosigkeit nicht spüren zu müssen.

Sie sind darum nur schwer von diesem Verhalten abzubringen. Es ist natürlich bitter, einzusehen und auch auszuhalten, daß im Moment nichts zu machen ist und daß man den Alkoholkranken deshalb weiter ins Elend rennen lassen muß.

Viele glauben auch, aus christlicher Nächstenliebe oder einfach aus Menschlichkeit endlich einschreiten zu müssen. Sie sehen vordergründig das zunehmende Leid und können es nicht mehr ertragen. Das ist ganz natürlich, denn in der Regel haben wir von Kind an gelernt, daß es wichtig ist, anderen zu helfen und daß Helfen darin besteht, anderen Leiden abzunehmen oder Leid zu verhindern. Denn „Leid gilt als Panne, als eine Art Verkehrsunfall oder Betriebsstörung, die man möglichst rasch zu beheben suchen muß". [11]

Wenn solches Denken allgemein auch normal und löblich ist, so ist es im Hilfeprozeß bei Alkoholkranken nicht angebracht. Wir können uns das an unserer Eigenerfahrung deutlich machen: an Lebenssituationen, in denen es notwendig war, eine unangenehme Sache hinter sich zu bringen, wie zum Beispiel einen Zahnarztbesuch oder einen unangenehmen Behördengang. Oft werden solche unangenehmen Dinge aufgeschoben, belasten einen aber mit der Zeit immer mehr. Irgendwann wird der Leidensdruck daran so groß, daß wir ihn nicht mehr aushalten wollen und die unangenehme Sache hinter uns bringen.

Es bedarf also oft erst eines langen und schmerzlichen inneren Prozesses, eines Hinreifens, das langsam unseren inneren Widerstand überwindet. Nicht anders ist es beim Alkoholkranken mit seiner Entscheidung, endlich mit dem Trinken aufzuhören.

7.2 Die Forderung nach Früherkennung

Angesichts der in Kapitel 4 und 5 geschilderten Gründe, warum Alkoholkranke trinken, kann auch deutlich werden, daß die Forderung der Politik nach Früherkennung und frühestmöglicher Zuführung des Süchtigen in eine Behandlung zwar gut klingt, aber nicht gelingen kann. Denn welcher Alkoholkranke im Frühstadium seiner Erkrankung – die er noch gar nicht erkennt und wo er sich noch euphorisch fühlt und sein Trinken noch keine nennenswerten negativen Folgen zeigt – wird sich als Alkoholiker bezeichnen lassen und gar in eine Behandlung einwilligen, die zum Ziel hat, daß er nie mehr Alkohol trinken soll? Und welcher Jugendliche, der durch sein Trinken an Status und Selbstbewußtsein gewonnen hat, wird bereit sein, mit Trinken aufzuhören? So bitter es ist, das einzusehen: im Frühstadium ohne nötigen Leidensdruck läßt sich leider nichts tun.

7.3 Schuldgefühle der Helfer

Nicht nur Politiker, sondern viele Helfer – auch Angehörige – empfinden eine solche Einstellung als hart. Unbewußt schwingt hier vermutlich auch die Meinung mit, man sei als Helfer schuld daran, wenn es dem Alkoholkranken mit der Zeit immer schlechter geht, weil man ihm nicht früh und wirkungsvoll genug hilft.

Zugegeben, die meisten Helfer empfinden völlig richtig, daß der Alkoholkranke trinkt, weil es ihm nicht gut geht. Aber sein derzeitiges schlechtes Befinden ist doch hauptsächlich darin begründet, daß er trinkt und nicht bereit ist, dagegen etwas zu unternehmen, was er schließlich jederzeit könnte.

> Denn mit der Zeit leidet der Alkoholkranke ja nicht hauptsächlich an seinen Grundstörungen, zu deren Erleichterung er mit dem Trinken begonnen hat, sondern viel mehr an den Trinkfolgen.

Trocken Gewordene bestätigen, daß es ihnen, seit sie nicht mehr trinken, viel besser geht. Zudem ist das Aufhören mit dem Trinken Voraussetzung dazu, daß der Alkoholkranke an seinen Grundstörungen überhaupt etwas ändern kann.

Darum ist ein solches Helferverhalten weder hart noch hat es etwas mit Schuld zu tun. Der Alkoholkranke, der an seinem Trinken nicht mehr leiden will, braucht sich nur um Hilfe zu bemühen. Die Meinung, er könne nicht aufhören, ist unzutreffend.

Es ist richtig, daß Alkoholkranke über lange Zeit nicht mit dem Trinken aufhören können, aber nur, weil ihnen die Einsicht in die Notwendigkeit fehlt, aufzuhören. Noch ist ihnen ihr Trinken mit seinen positiven Gefühlswirkungen wichtiger als dessen negative Folgen. Diese Folgen müssen erst größer werden als die positiven Gefühlswirkungen, das heißt, die Alkoholkranken müssen an ihrem Trinken erst stärker leiden, ehe sie ernsthaft über das Aufhören nachzudenken beginnen.

Alkoholkranke, die ihre Krankheit in den Griff bekommen haben und abstinent leben, sagen übereinstimmend, daß erst massiver Leidensdruck sie bewogen hat, mit dem Trinken aufhören zu wollen.

7.4 Die Reaktionen der Alkoholkranken auf Hilfe

Wir haben bereits mehrfach gesehen, daß frühes helfendes Eingreifen den Alkoholkranken von seinem Leidensdruck entlastet, so daß er keine Notwendigkeit verspürt, auf sein Trinken zu verzichten. Denn aufgrund der Hilfe leidet er jetzt nicht mehr so stark an den Trinkfolgen. Dadurch erscheint ihm sein Trinken nicht mehr so schlimm und löst auch keine Angst mehr aus. Aus diesem Grund gelingt es sogar vielen, jetzt weniger zu trinken oder sogar eine Zeitlang ganz aufzuhören.

Dies sehen viele Helfer irrtümlicherweise als einen Erfolg ihres Eingreifens an. Ein Erfolg wäre es jedoch nur, wenn es dauerhaft Bestand hätte. Doch dem ist gewöhnlich leider nicht so. Meistens heimlich, fängt der Alkoholkranke wieder an zu trinken, bis es seinem Helfer eines Tages mit Entsetzen wieder auffällt.

Und es gibt für den Alkoholkranken noch einen anderen Grund weiterzutrinken:

Durch das Eingreifen der Helfer wird ihm schnell klar, daß ihm ja nichts wirklich Schlimmes passieren kann, weil alle fürsorglich über ihn wachen.

Zudem ruft sein Trinken ja eine Menge Helfer auf den Plan, die er sonst nicht hätte. Aus seiner Sicht wäre es geradezu unlogisch – gar dumm –, gerade jetzt aufzuhören. Wenn es ganz schlimm kommt, dann kann er immer noch mit dem Trinken aufhören. Doch soweit ist es dank der Helfer im Moment noch nicht.

Damit dies aber auch gutgeht, muß er natürlich seine Helfer beschwichtigen oder auch belohnen. Dies zu erreichen, haben Alkoholkranke mehrere Methoden. Sie trinken eine kurze Zeit weniger, wie schon angeführt, oder hören sogar eine Zeitlang mit dem Trinken auf, um ihre Helfer in Sicherheit zu wiegen und sie zufriedenzustellen.

Dies ist übrigens eine hervorragende Taktik, um wieder einige Zeit in Ruhe gelassen zu werden. Denn das ständige Kontrolliertwerden ist ziemlich lästig. Alkoholkranke fühlen sich auch genötigt, ihrem Helfer zu sagen, wie froh sie sind, daß er ihnen hilft und daß er der beste Helfer ist, den sie bis jetzt hatten.

Und sie versprechen natürlich alles – doch nicht mit der wirklichen Absicht, tatsächlich mit dem Trinken Schluß zu machen, sondern nur, um den wohlmeinenden und sicher noch sehr brauchbaren Helfer nicht zu verprellen. Alles, was der Alkoholkranke in diesem Stadium seiner Krankheit verspricht, klingt sehr glaubwürdig, weil er entgegen seinem wirklichen Wissen selber daran glauben möchte und darum überzeugend wirkt.

Auf diese Weise verkehrt sich ein gutgemeinter Helferansatz ins Gegenteil. Doch anstatt zu erkennen, daß ihr Ansatz gescheitert ist, versuchen viele Helfer, jetzt ihr im Grunde falsches Verhalten noch zu verstärken, wodurch das ganze nur noch schlimmer wird.

7.5 Betroffene melden sich zu Wort

Hören wir das vorher Gesagte mit den Worten eines ehemals Alkoholkranken, der heute Referent in der Suchtkrankenhilfe ist. Nachdem er dargestellt hat, daß in der Drogenhilfe immer wieder neue Hilfemodelle begonnen werden in dem Glauben, damit Suchtkranken wirkungsvoller helfen zu können, sagt er: „...Wir sind in dem Wahn gefangen, daß wir die Sucht besiegen könnten ... wir alle – der Süchtige und wir – wissen, daß es nicht stimmt, aber wir tun so als ob ... Ich weiß, daß meine Genesung da begonnen hat, wo ich den Kampf gegen die Droge Alkohol endgültig aufgegeben habe – wo ich einsehen mußte, daß die Droge Alkohol stärker ist als ich ... ich hatte auch keine Kraft mehr zu kämpfen – aber ich habe Menschen gefunden, die mich durch meine ganz persönliche Krise begleitet haben – ganz im Gegensatz zu den Leuten, die in langen Jahren bemüht waren, daß ja keine Krise bei mir aufkommen konnte – denn immer kam einer und stahl mir meine Krise – immer haben sie mir geholfen – haben mir Geld geliehen – haben für mich gelogen – und sie haben meine Lügen gerne geglaubt ... Die Hilfen, die sie mir gaben, waren keine Hilfen, sie haben meine Suchtkrankheit entscheidend verlängert – Gott sei Dank bin ich nicht an ihrer Hilfe gestorben ...“ [12]

In einem anderen Text sagt er das gleiche, nur pointierter: „... Und dann kommen die Krisen, die uns bereit machen zur Veränderung – aber Krisen, das wollen wir nicht. Wir wollen Ruhe und Frieden – Friedhofsruhe mit Sterbeaufsicht –, und so vermeiden wir unsere heilmachenden Krisen –, und eine ganze Heerschar von Krisendieben unterstützt uns dabei – in meinem Leben waren sie zahlreich. ‚Immer kam einer – manchmal auch eine – und stahl mir meine Krise‘, meinte sogar, daß er mir damit einen guten Dienst erwiesen habe – wollte das Schlimmste verhüten – wollte Schaden von mir abwenden und hat so verhindert, daß ich zur Vernunft kommen konnte. Also kurz bevor Veränderung, die dringend notwendig gewesen wäre, geschehen konnte, waren sie zur Stelle, die Krisendiebe.“ [13]

Christa Jänicke, eine Lehrerin und Psychotherapeutin, die selbst getrunken hat, drückt die Bedeutung des Leidensdrucks für sich ganz klar aus: „Keines meiner psychischen und psychosomatischen Symptome verursachte eine solche Verzweiflung und Not wie das elende Ausgeliefertsein an das süchtige Verlangen. Nirgends war die Konfrontation mit dem Tod deutlicher und bedrohlicher als angesichts meiner Niederlage, meiner Hilflosigkeit und Jämmerlichkeit der Sucht gegenüber.

> Es war dieser enorme Leidensdruck, der mich zwang, eine Entscheidung zu treffen. Es war eine Entscheidung zwischen Leben und Tod. Ich entschied mich für das Leben, und ich wußte, daß ich bezahlen mußte. Und ich war bereit dazu.“[14]

Und an anderer Stelle: „Handeln konnte ich offenkundig erst in dem Moment, als der Leidensdruck überhand zu nehmen drohte. Erst dann kam mir die überfällige und eigentlich naheliegende Idee. Einmal mehr zeigte sich, daß bei mir Verzicht und damit auch Neubeginn und Weiterentwicklung ohne Leidensdruck nicht denkbar sind.“[15]

Ein anderer Alkoholkranker, der nach einigen Jahren, einen Rückfall hatte, bringt die Sache ganz kurz auf den Punkt. Er erzählt, daß er starken „Saufdruck“ hatte, der ihn wochenlang geplagt habe. Er habe ihm endlich durch Trinken nachgegeben und danach sei es ihm wieder besser gegangen. Doch dieses

Trinken läßt ihm keine Ruhe. Und er kommt in die Beratungsstelle und meint: „Ich muß wieder aufhören. Ob ich es wohl schaffe?“

Auf die Frage, ob er denn überhaupt schon aufhören wolle, nachdem ihm sein Trinken so gutgetan hat, da er ja wohl, wenn er sein Trinken nicht negativ erlebt hat, kaum die echte Bereitschaft zum Aufhören habe, denkt er kurz nach und sagt dann: „Gell, aufhören tut man erst, wenn es einem durch das Trinken wieder richtig dreckig geht.“

Das bestätigt auch ein anderer, der in seiner Verzweiflung endlich in eine Behandlung eingewilligt hat: „Ich war so weit unten, ich konnte mich selbst nicht mehr ausstehen.“ Solche und ähnliche Aussagen wiederholen sich immer wieder.

7.6 Schlußfolgerung

Kein Helfer kommt letztlich an der Erkenntnis vorbei, daß in der Regel beim Alkoholkranken nichts ohne Leidensdruck zu ändern ist. Von daher ist der Slogan sinnvoll: „Die beste Hilfe für den Alkoholkranken ist, ihm nicht zu helfen.“ Dieser Satz gilt natürlich nur in dem einen Sinn, ihm nicht so zu helfen, daß sich dadurch sein Leidensdruck verringert. Jede Hilfe, die das tut, ist nachteilig für den Betroffenen. Zugegeben, für die Partner, die ihren alkoholkranken Partner noch lieben, ist das sehr schwer, fast unmöglich einzusehen. Und doch müssen auch sie einsehen lernen, daß es anders nicht geht.

8. Helferverhalten, das Leidensdruck nimmt

Wir haben gesehen, daß und warum viele, die einem Alkoholkranken helfen wollen, diesem immer wieder durch ihr Helferverhalten Leidensdruck wegnehmen. Betrachten wir dieses falsche Helferverhalten in den verschiedenen Bereichen.

8.1 Bei Angehörigen

Angehörige verhindern, wie wir gesehen haben, auf vielfältige Weise Leidensdruck, hauptsächlich die Frauen, deren Männer trinken. „Über viele Jahre hinweg kämpfen sie einen aussichtslosen Kampf gegen die Sucht, kämpfen um ihren Mann, um den Zusammenhalt ihrer Familie, um ihren Platz in der Gemeinschaft. Gerade die traditionell weibliche Helferrolle hindert Frauen daran, sich durch gesunde Distanz und Selbstbehauptung aus den abhängigen Strukturen ihrer Beziehung zu lösen.“ [16] So lassen sie sich immer wieder täuschen von der scheinbaren Hilflosigkeit des Alkoholkranken und seinen Versprechungen und greifen aktiv helfend und leidensdrucknehmend in das Geschehen ein, immer in der Hoffnung, ihn dadurch vom Alkohol wegzubekommen.

Dabei verstricken sie sich unbewußt in sogenannte Spiele mit dem Alkoholkranken, die gerade das Gegenteil von dem bewirken, was die Angehörigen erreichen wollen. Eines der meistgespielten „Spiele“ kann als Beispiel und Anschauungsmaterial dienen: Der Angehörige macht dem Alkoholkranken Druck, indem er fordert, daß das Trinken endlich aufzuhören hat, und kontrolliert das auch. Er übernimmt so für den Betroffenen die

Verantwortung und will damit unter allen Umständen erreichen, daß dieser mit dem Trinken aufhört oder gar in Therapie geht.

Da es bei einem Spiel immer ums Gewinnen geht, ist klar, daß gewonnen hat, wer sein Ziel erreicht.

> Der Alkoholkranke gewinnt dieses Spiel, wenn er genau das, was der Angehörige will und wodurch dieser das Spiel gewinnen würde, nicht tut.

Da es normal ist, in wichtigen Dingen selbst zu entscheiden, will dies der Alkoholkranke in der für ihn wichtigen Frage, ob und wann er in Therapie geht, auch. Dies um so mehr, als es für ihn, der wegen seines Trinkens ohnehin gewaltige Minderwertigkeitsgefühle und Zweifel an sich hat, geradezu eine Notwendigkeit ist, sich durch das Eingehen auf die Forderungen des Partners nicht vollends entmündigen zu lassen. Denn sonst würde er den letzten Rest seiner Selbstachtung verlieren. Also versucht er, dieses Spiel mit allen ihm zur Verfügung stehenden Mitteln zu spielen und es unter allen Umständen zu gewinnen.

Im Eifer dieses Spiels vergißt er ganz sein Leiden an seinem Trinken, ja, das Gewinnen dieses Spiels bessert sein ramponiertes Selbstwertgefühl paradoxerweise wieder auf. Er sonnt sich in seiner Überlegenheit, nicht nachzugeben, so daß er dadurch Leidensdruck verliert. Auf diese Weise kann er lange Zeit nicht erkennen, daß er durch sein Trinken leidet und er sein und seiner Angehörigen Leben immer mehr zerstört. Und im Triumph über seinen Sieg verkennt er seine reale Situation völlig. Indem er so ständig im Mittelpunkt des Familieninteresses steht, hat er eine Menge Krankheitsgewinn, den er so leicht nicht aufgeben wird.

Doch dieser Krankheitsgewinn hat für den Alkoholkranken einen hohen Preis, den der Angehörige in der Regel mitbezahlen muß. Denn die Krankheit Alkoholismus mit all ihren negativen Folgen für Körper, Seele, Geist und die sozialen Beziehungen wird so unter Umständen jahrelang aufrecht erhalten.

Angehörige, die diese Zusammenhänge nicht kennen und durch den hartnäckigen Widerstand des Alkoholkranken mit der Zeit erbost sind, wollen jetzt erst recht mit aller Gewalt erreichen, das Spiel zu gewinnen. Nicht zuletzt auch darum, weil sie endlich wieder ihre Ruhe haben wollen.

Was sie aber tatsächlich damit erreichen, ist, wie wir gesehen haben, das Gegenteil. Denn sie verhindern in diesem „Spiel“ durch die Wegnahme des Leidensdrucks die eigene Einsicht des Betroffenen in seine schlimme Lage. Ja, Angehörige vertauschen durch dieses nicht zu gewinnende Spiel geradezu die Rollen: Sie fangen jetzt selbst stark zu leiden an, weil sie das Spiel immer wieder verlieren.

Interessanterweise wissen viele Angehörige, daß sie sich falsch verhalten. Die meisten spüren mit der Zeit, daß es so, wie sie es machen, nicht richtig läuft und sie ihr Verhalten ändern sollten. Trotzdem sind sie dazu nicht in der Lage. Sie haben zu viel Angst davor, damit aufzuhören, den alkoholkranken Partner retten zu wollen. Denn die Ungewißheit, wie es dann weitergeht, ist ihnen zu groß. So setzen sie ihre Rettungsversuche fort mit immer weniger Hoffnung, nur um ihre Angst nicht spüren zu müssen.

Die Partnerschaft mit einem Alkoholkranken ist vergleichbar mit der Fahrt in einem lecken Boot. Angehörige versuchen ständig, das eindringende Wasser auszuschöpfen, um das Boot vor dem Untergang zu bewahren. Der Alkoholkranke aber schöpft nicht nur nicht mit, sondern verstärkt (durch sein Trinken) das Leck sogar noch.

Darum ist es allemal besser, aus dem Boot auszusteigen und an das rettende Ufer zurückzuschwimmen und den Alkoholkranken im Boot allein zu lassen.

Wenn plötzlich alle haltgebenden Helfer verschwunden sind und er sich alleingelassen fühlt, verstärkt das gewaltig seine Angst und erhöht seinen Leidensdruck.

Denn dadurch spürt er den drohenden Untergang, den niemand mehr aufhalten hilft. Und er erkennt meistens sehr rasch, daß es so nicht mehr weitergehen kann.

Und jetzt wird er plötzlich sehr schnell SOS signalisieren. Denn Leidensdruck und die durch ihn ausgelöste „Einsicht in die Unhaltbarkeit des bisherigen Lebensweges" muß bei ihm „erst wachsen und zunehmen", bis es ihm möglich wird, die Sinnlosigkeit seines bisherigen Selbstheilungsversuches durch Trinken zu begreifen und aufzugeben.[17] Wer aufhört, für den Alkoholkranken zu wollen und umgekehrt diesem das Wollen überläßt, ist auf dem hoffnungsvolleren Weg.

Bei den Angehörigen, die trotzdem nicht mit dem Helfen aufhören können – und das sind gar nicht wenige –, muß selbst erst starker Leidensdruck entstehen und sie dahin bringen, endlich damit aufzuhören, zu kapitulieren und den Alkoholkranken sich selbst und seinem Trinken zu überlassen. Sigrid Firsching sagt: „Eine Wende aus dieser Lebenskrise wird meist erst durch den völligen Zusammenbruch noch bestehender sozialer Systeme eingeleitet." [18]

Halten wir fest: Solange der Angehörige Verantwortung für das Ergehen des Alkoholkranken übernimmt und er diesem dadurch Leidensdruck wegnimmt, kann der Betroffene seine eigene Verantwortlichkeit nicht entdecken und wird darum auch nicht mit dem Trinken aufhören.

8.2 Bei Hausbesuchen

Hausbesuche bei einem Alkoholkranken – früher die Form, mit der der Hilfeprozeß eingeleitet wurde – sind das Hilfeangebot, das am stärksten dazu angetan ist, diesem (und auch den Angehörigen) Leidensdruck wegzunehmen. Wenn dies im folgenden näher begründet wird, soll damit nicht grundsätzlich gegen Hausbesuche argumentiert werden. Je nach Zielsetzung können diese sehr wichtig sein. Es geht also hier nur um den einen Aspekt, daß durch Hausbesuche Leidensdruck genommen wird und diese Besuche insofern als Hilfeleistung fragwürdig werden.

> Wer etwas bei sich verändern will, muß dazu selbst den ersten Schritt tun. Das gilt bei Alkoholismus ganz besonders. Der Alkoholkranke weiß das ab einem bestimmten Zeitpunkt seiner Krankheit auch.

Nur wehrt er sich dagegen noch lange Zeit, weil das Aufsuchen einer Abstinenzgruppe oder einer Beratungsstelle seinem Eingeständnis gleichkäme, Alkoholiker zu sein.

Wird er nun von einem Helfer besucht, nimmt ihm dies den Druck, diesen Weg gehen zu müssen. Er kann im Schutzraum seiner Wohnung sich unverbindlich alles anhören, ohne sich entscheiden zu müssen, eine Gruppe oder eine Beratungsstelle aufzusuchen. Mit der Zeit wartet er einfach ab, bis er wieder besucht wird, ohne sein Trinkverhalten zu ändern. Wenn sich zwischen Helfer und Alkoholkrankem und seiner Familie ein gutes Verhältnis anbahnt, was oft der Fall ist, wird dadurch der familiäre Innendruck deutlich entspannt.

Oft beginnt der Angehörige auch eine längst fällige Auseinandersetzung mit dem alkoholkranken Partner, da er sich durch den Helfer gesichert und verstärkt weiß. Gelingt es dem Helfer, diesen Streit einigermaßen konstruktiv zu lösen, tritt wieder eine deutliche Entspannung in der Familiensituation ein. Dies wird vom Helfer fälschlicherweise oft als echte Hilfe bewertet. In Wirklichkeit ist es nur eine vorübergehende Entspannung des Familienkonflikts, der dadurch jedoch grundsätzlich nicht gelöst wird. Im günstigsten Fall trinkt der Betroffene eine Zeitlang weniger, aber aufhören wird er nicht.

Der Ehepartner atmet auf, hat wieder eine Verschnaufpause und ist dadurch in die Lage versetzt, wieder einige Zeit durchzuhalten und mit der Situation, einen trinkenden Partner zu haben, fertigzuwerden. Hier wird deutlich, daß durch Wegnahme von Leidensdruck der Krankheitsverlauf nur unnötig verlängert wird.

Wir haben schon gesehen, daß auch für den Angehörigen Leidensdruck notwendig ist, damit er sein falsches Verhalten ändert. Natürlich sind viele Angehörige von Alkoholkranken froh, wenn endlich jemand kommt und sie aus der Isolation und dem Teufelskreis des Schweigens holt und sie anhört, wenn sie über ihren jahrelangen Leidensweg sprechen können. Und natürlich sind sie froh darüber, daß jetzt endlich jemand dem alkoholkranken Partner seine Lage deutlich macht, das Problem in die Hand nimmt und sie so entlastet. Gerade dadurch aber müssen sie sich auch nicht ändern. Sie warten einfach ab. Und so verändert sich, wie wir bereits gesehen haben, oft lange Zeit nicht wirklich etwas.

> Wir wissen heute, daß in einer Suchtfamilie nicht allein der Suchtkranke krank ist, sondern das ganze Familiensystem.

Darum kann es nur zu einer positiven Änderung kommen, wenn das Familiensystem sich verändert. Und das beginnt damit, daß auch Angehörige ihr Verhalten und ihre Einstellung ihrem suchtkranken Partner gegenüber verändern. (Ich verweise dazu auf mein Buch: Beratungsgespräche mit Angehörigen von Alkoholkranken, Blaukreuz-Verlage Wuppertal und Bern, 1985 und 1993).

> Grundsätzlich geht es auch für den Angehörigen darum, aktiv seine Situation zu ändern, um aus der Opferrolle herauszukommen.

Hausbesuche bewirken, wie wir gesehen haben, ein Abwarten des Angehörigen, was es dem Alkoholkranken wiederum erlaubt, seinerseits auch noch abzuwarten. Erst wenn auch der Angehörige den nötigen Leidensdruck hat, wird er zu einer Verhaltensänderung bereit werden. Doch das Entstehen dieses Leidensdrucks wird, wie dargestellt, durch Hausbesuche oft verhindert.

Natürlich wächst in der Suchtfamilie das Leid rasch an, wenn keine Hausbesuche stattfinden, aber das ist in der Regel unvermeidlich, damit der Angehörige sich endlich aufrafft und aufhört, das beschriebene „Spiel“ länger mitzumachen. Sucht der Angehörige endlich eine Gruppe oder eine Beratungsstelle auf, wird er dort viel Hilfe und Beratung finden und vor allem Unterstützung darin, sein falsches Helferverhalten aufgeben zu lernen. Dadurch wird in den allermeisten Fällen der Leidensweg des Alkoholkranken und seiner Familie abgekürzt.

8.3 In der Suchtberatungsstelle

Auch Mitarbeiter in Beratungsstellen sind nicht gefeit davor, vom Suchtkranken in Bedrängnis gebracht zu werden und ihm

Leidensdruck wegzunehmen. Ein anschauliches Beispiel dafür liefert Walter Kindermann. Es geht dabei um einen drogenabhängigen Jugendlichen:

„... In dieser Zeit hat er außer uns noch andere Berater kennengelernt, alle haben redlich versucht, ihm einen Weg zu zeigen. Keinem von uns ist es gelungen, eine therapeutische Beziehung nach den Regeln der Kunst aufzubauen.

Er geht zwar auf alle Vereinbarungen ein, aber wenn es darauf ankommt, gibt es immer einen guten Grund, warum er sich leider, gerade jetzt, unglücklicherweise an die Regeln unseres Therapievertrages nicht halten kann.

Er ist schwach, labil, außengesteuert, aber seltsamerweise gleichzeitig stark genug, um uns die Regeln der Beratungsbeziehung zu diktieren.

Er kommt, wenn er uns braucht. Er hat gerade ein ganz dringendes Problem. Genauer gesagt, er hat es schon seit fünf Wochen. Nur hatte er aus den verschiedensten Gründen bisher noch keine Gelegenheit, sich darum zu kümmern. Aber jetzt braucht er unsere Hilfe. Sofort. Sonst ist alles aus. Wir haben zwar gerade andere dringende Arbeiten zu erledigen. Aber wir wollen doch nicht, daß er vor die Hunde geht? ... Und das alles gerade jetzt, wo er wirklich ‚clean' werden möchte und er sich sogar schon mal die Informationsbroschüre einer Therapieeinrichtung angesehen hat, zumindest flüchtig.

Wir schieben unsere Arbeit beiseite. Wir hören zu, fragen nach, sind therapeutisch professionell. Wir bezähmen den Normalbürger in uns, der – wie weiland das HB-Männchen – eigentlich aufspringen und empört fragen möchte: ‚Was bildest du dir eigentlich ein? Kannst du denn nicht einmal für die Folgen deines Handelns selbst einstehen? Einmal vorher an die Folgen denken?'"[19]

Solche Reaktionen der Helfer sind Ausdruck der Hilflosigkeit, in die der Suchtkranke Helfer oft bringt. Immer wieder stehen Helfer in Beratungsstellen vor der Frage, was richtig ist.

> Verbaue ich dem anscheinend Hilfesuchenden den Weg zur Hilfe, wenn ich einmal, meinem Gefühl entsprechend, konsequent handle und ihm in der oben beschriebenen Situation das Gespräch verweigere?

Wird er dann nicht ganz wegbleiben und ich als der Helfer schuld daran sein, wenn sich sein Krankheitsprozeß verschlimmert? Wenn ich jetzt aber für ihn da bin, nehme ich ihm da nicht Leidensdruck ab, den er dringend braucht, um endlich ernsthaft an seiner Gesundung mitzuarbeiten?

Eine Entscheidung in dieser Frage gerade in einer Suchtberatungsstelle, die vom Suchtkranken ja offensichtlich aufgesucht wird, um dort Hilfe zu erhalten, ist immer schwer zu treffen. Denn mit letzter Sicherheit weiß auch der professionelle Helfer nicht, was in dem speziellen Einzelfall richtig oder falsch ist. Er muß hier aufgrund seiner Erfahrung eine Entscheidung treffen. In diesem Konflikt ist ohne Zweifel jeder Mitarbeiter einer Beratungsstelle schon oft gewesen.

Es ist immer schwer, diese Entscheidungsunsicherheit auszuhalten und konsequent zu reagieren. Nicht empört und nicht mit dem moralischen Zeigefinger. Aber doch so, daß dem Suchtkranken deutlich wird, daß sein momentaner Leidensdruck Folge seines bisherigen unverantwortlichen Verhaltens ist und daß er aus diesem Leiden nicht herauskommen wird, wenn er nicht ernsthaft mitarbeitet. Das heißt für ihn, sich endlich an die getroffenen Vereinbarungen zu halten.

Es ist auch schwer, ihm deutlich zu machen, daß ich als Helfer nicht bereit bin, die Schritte, die er selber tun kann, für ihn zu tun. Und doch ist es wichtig. Denn wie soll er sonst lernen, sein Leben selbstverantwortlich zu führen, wenn ihm schon wieder jemand die Verantwortung abnimmt und für ihn handelt?

Süchtige haben oft lebenslange Erfahrung darin, die Folgen ihres Tuns nicht übernehmen zu müssen. Und darauf hoffen sie immer wieder.

> Wirklich hilfreiches therapeutisches Vorgehen leitet den Suchtkranken dazu an, seinen Leidensdruck auf vernünftige, konstruktive Weise selbst abzubauen.

Doch zu dieser Bereitschaft kommt der Suchtkranke in der Regel nicht dadurch, daß der Helfer ihm das vorschlägt, sondern daß er sich den Wünschen des Betroffenen nach Verwöhnung verweigert. Auf diese Weise bleibt beim Suchtkranken der Leidensdruck bestehen, ja erhöht sich unter Umständen noch. So ergibt sich zumindest die Möglichkeit, daß der so verstärkte Leidensdruck ihn endlich veranlaßt, konstruktiv an seiner Gesundung mitzuarbeiten.

Gegen diese Helferhaltung kann man einwenden, daß sie auch schiefgehen kann und es nicht zu der erhofften Verhaltensänderung beim Suchtkranken kommt, ja, daß im Gegenteil seine Situation sich sehr verschlechtert.

Genau diesen Einwand macht eine Leserbriefschreiberin in der Fernsehzeitung Bild + Funk als Antwort auf einen vorausgegangenen Artikel von Frau Dr. Kühnemann zum Fall Juhnke. Sie führt dort aus, daß man nur jemanden therapieren könne, der unter seiner Sucht leidet, und daß Frau Juhnke sich zum Co-Alkoholiker (einem Helfer, der durch sein falsches Helferverhalten im Grunde den Alkoholkranken in seinem Trinken noch unterstützt) gemacht hat, weil sie ihrem Mann nicht schon längst die Türe vor der Nase zugehauen hat, um seinen Leidensdruck zu erhöhen. Die Leserbriefschreiberin meint: „Alkoholismus ist eine Krankheit, das sollte man nicht vergessen! Mit Strenge, Rauswurf und Trennung von der Familie erreicht man genau das Gegenteil. Der Suchtkranke verliert seinen Lebenswillen ...“[20]

Hier ist er wieder, der gutgemeinte Einwand von Helfern, die sich mit Alkoholismus nicht genau genug auskennen. Die Beantwortung dieses Einwandes hängt natürlich davon ab, wie ich zu der Frage stehe, ob ich als Helfer für das Ergehen des Alkoholkranken verantwortlich bin. Allein schon die Formulierung dieses Arguments unterstellt doch, daß ich als Helfer glaube, es in der Hand zu haben, beim Suchtkranken etwas ändern zu können.

Dies dürfte jedoch ein Trugschluß sein. Es zeigt sich doch immer wieder, daß ich als Helfer dem Suchtkranken gegenüber solange völlig machtlos bin, solange er nicht bereit ist, bei sich etwas zu ändern. Ihm Hilfe aufdrängen zu wollen, kann doch nur dazu dienen, mein schlechtes Gewissen zu beruhigen, das Unmögliche nicht wenigstens versucht zu haben und das Gefühl der Hilflosigkeit nicht aushalten zu müssen. Der Suchtkranke wird sich dann ändern, wenn er es will, weil er seinen Leidensdruck nicht länger aushalten kann, und nicht dann, wenn der Helfer meint, ihm Leidensdruck wegnehmen zu müssen.

8.4 In Abstinenzgruppen durch ehemalige Abhängige

Auch „Ehemalige“ – als ehrenamtliche Suchtkrankenhelfer oder Angehörige einer Abstinenzgruppe –, die es aus eigener Erfahrung eigentlich besser wissen müßten, nehmen Betroffenen immer wieder Leidensdruck ab. Wie oft kann man hören, daß sie einen noch „nassen“ Alkoholabhängigen aufgesucht und stundenlange Gespräche mit ihm geführt haben. „Bis nachts um halb zwei, mein lieber Mann, da bist du ganz fertig danach!“ wird oft mit Stolz erzählt. Solche Gespräche sind für den Betroffenen schon hilfreich. Endlich findet er einen verständnisvollen Menschen, der auch noch das gleiche Leiden wie er hatte, dem er einmal seinen ganze Frust und sein ganzes Leiden erzählen kann. Dadurch entlastet er sich von seinem Leidensdruck und es geht ihm anschließend wieder besser.

Dem Ehemaligen, der das lange Gespräch geführt hat, geht es schlechter, denn er fühlt sich recht erschöpft.

> Das ist ein sichtbares Zeichen nicht für Helfen, sondern lediglich dafür, daß er dem anderen seine Last abgenommen und auf sich selbst genommen hat.

Das wäre an sich sehr löblich und menschenfreundlich, wenn es dem Betroffenen dadurch eben nicht möglich würde, mit seiner Situation wieder besser umgehen zu können. Denn gewöhnlich trinkt er weiter und geht auch nicht in eine Behandlung. Ja, er kommt nicht einmal in die Gruppe. Wozu auch, wenn er zu Hause so gut bedient wird? Mehr kann er in der Gruppe mit Sicherheit auch nicht erhalten, im Gegenteil, da ist er nur einer von vielen. So wenigstens sieht er es. Durch solche langen Gespräche, die nur Leidensdruck abnehmen, ist selten eine Behandlungsbereitschaft entstanden.

Bei Gesprächen mit einem noch nassen Alkoholkranken kann es nur darum gehen, ihm deutlich werden zu lassen, daß er krank ist und dagegen etwas tun kann; daß man ihn versteht, weil man selbst seinen Weg auch gegangen ist und es möglich ist, vom Alkohol loszukommen. Und dann kann man ihn in die Gruppe einladen oder ihm das Aufsuchen einer Suchtberatungsstelle empfehlen. Dazu sind keine stundenlangen Gespräche notwendig, die nur unnötig Leidensdruck wegnehmen und damit die Motivation, wirklich etwas gegen die Krankheit zu unternehmen.

Immer wieder kann man es in Abstinenzgruppen erleben, daß einem Gruppenmitglied, wenn es rückfällig geworden ist, pausenlos nachgelaufen wird, daß man ihm alle möglichen Lasten abnimmt, immer in der Hoffnung, den Betroffenen dadurch wieder trocken zu bekommen.

Doch häufig wird auch hier nur Leidensdruck weggenommen. Es kann auch einem Rückfälligen genügen zu erfahren, daß er sich in der Gruppe nicht zu schämen braucht und er weiterhin willkommen ist; daß es gerade jetzt wichtig für ihn ist zu kommen, um an seinem Rückfall zu arbeiten und daß man ihn wegen seines Rückfalls nicht verachtet. Das weitere ist seine Sache und kann ihm keiner abnehmen.

Es kommt gar nicht selten vor, daß ein trockener männlicher Suchtkranker einer Alkoholabhängigen aus der Gruppe, die noch trinkt, helfen will. Das führt oft zu persönlichen Beziehungen, in denen der Helfer ständig rennt, wenn er angerufen wird, alles mögliche hilft und erledigt, sie versorgt, wenn es ihr schlecht geht und sich intensiv um sie kümmert. Immer in der Hoffnung, ihr dadurch zu helfen.

Dabei kann er sich ihren Bitten um Hilfe immer weniger entziehen. Nur: Sie hört nie mit dem Trinken auf, abgesehen von ganz kurzen Abstinenzzeiten. Er nimmt ihr letztlich durch seinen Einsatz nur den nötigen Leidensdruck für eine Behandlungsbereitschaft. Auf diese Weise kann das Trinken jahrelang verlängert werden. Auch für Ehemalige und Abstinenzgruppen gilt: Leidensdruck wegnehmen ist keine Hilfe und in jedem Fall zu vermeiden.

8.5 Am Arbeitsplatz

Selten wird dem Alkoholkranken so viel Leidensdruck erspart wie am Arbeitsplatz. Er wird von den Kollegen aus „kollegialen“ Gründen gedeckt, wenn die Gefahr droht, daß Vorgesetzte etwas bemerken. Teilweise wird seine Arbeit mitübernommen, wenn er betrunken ausfällt. Ständige Urlaubswünsche von einem Tag, gewöhnlich montags, werden problemlos bewilligt, auch wenn mit der Zeit im ganzen Betrieb bekannt ist, warum der Betroffene fehlt. Die Anrufe der Ehefrau, er sei krank, werden akzeptiert.

Wegen der unangenehmen Tatsache, ihn auf sein Trinken ansprechen zu müssen und sich in die Angelegenheiten anderer einmischen zu sollen, verschließen alle lieber die Augen.

> Manche Chefs schlüpfen in die Rolle eines Fürsorgers und kümmern sich rührend um den Alkoholkranken, anstatt wirklich Chef zu sein und den Alkoholkranken mit seiner Realität zu konfrontieren.

Auf diese Weise können Alkoholkranke in manchen Betrieben jahrlang weitertrinken. Es werden ihnen zwar von Zeit zu Zeit Versprechungen abgenommen, doch erneutes Trinken führt zu keinen Konsequenzen. Der Betroffene jedoch wird ständig kränker, seine Ehe leidet immer mehr und seine Kinder tragen psychische Schädigungen davon.

Darum ist es dringend notwendig, mit diesem falschen Helferverhalten Schluß zu machen, den Alkoholkranken frühzeitig mit seiner Krankheit zu konfrontieren und klar von ihm zu fordern, daß er dagegen etwas unternimmt. Diese Abmachungen sind zu kontrollieren, damit der Alkoholkranke merkt, daß er nicht mehr tricksen kann.

Er muß wissen, daß er seinen Arbeitsplatz zu verlieren droht, wenn er sich weigert, etwas zu unternehmen, und weitertrinkt; daß er ihn jedoch erhalten kann, wenn er sich einer Behandlung unterzieht.

Solch konsequentes Verhalten wird den nötigen Leidensdruck bei ihm erzeugen, der ihn letztlich dazu bewegen wird, in Behandlung zu gehen. Es gibt bereits eine Reihe von Vorgehensmodellen für Betriebe, die erprobt sind.

8.6 Durch medizinische Berufe

Auch die moderne Medizin vermag eine erhebliche Menge Leidensdruck wegzunehmen. Es gibt speziell bei Alkoholismus viele Medikamente, die die Entzugserscheinungen abmildern und zugleich dämpfend und beruhigend wirken. Manche Ärzte versuchen mit Hilfe dieser Medikamente ambulant, die Alkoholkranken vom Trinken wegzubekommen.

Es gibt zwar viele Alkoholkranke, die aus irgendwelchen Gründen nicht in eine stationäre Therapie gehen können. Bei ihnen ist eine medikamentöse Therapie angesagt. Die Erfolge sind jedoch oft nicht sehr vielversprechend. Sie können aber über eine Zeit, in der andere Maßnahmen nicht möglich sind, ein Notbehelf sein.

Viele Alkoholkranke wählen aber eine solche medikamentöse Therapie, um nicht die wesentlich schwerere Konsequenz ziehen zu müssen, in eine stationäre Therapie zu gehen, die ihnen erst die entscheidende Hilfe geben würde.

Die medikamentöse ambulante Therapie nimmt ihnen nicht nur den nötigen Leidensdruck, sondern so auch die nötige Motivation für eine gründliche psychotherapeutische Behandlung, wie sie in Fachkliniken angeboten wird.

Ein unerwünschter Nebeneffekt kann sogar eine Suchtverlagerung sein. Die Alkoholabhängigen trinken nicht mehr, weil sie inzwischen umgestiegen sind auf Medikamente. Oder sie trinken und nehmen gleichzeitig Medikamente ein, wodurch sie zumindest ihren Alkoholkonsum wieder in Grenzen halten können. Das verschafft ihnen die Illusion, es wäre alles wieder in Ordnung. Der Umsteigeeffekt wird immer wieder auch bei ehemals Drogenabhängigen sichtbar. Sie sind clean, nehmen keine Drogen mehr, trinken aber statt dessen und müssen häufig wegen Alkoholmißbrauchs in Therapie.

Sehr strittig unter Fachleuten und Politikern ist auch die ärztliche Abgabe von Methadon an Drogenabhängige. Methadon ist eine Ersatzdroge, die dem Drogenabhängigen die quälenden Entzugserscheinungen nimmt. Dadurch kann erreicht werden, daß der Drogenabhängige keine Drogen mehr kaufen muß, so aus der Drogenszene herausfindet und nicht mehr kriminell wird. Viele dieser Substituierten können dadurch wieder einer geregelten Arbeit nachgehen. Das ist natürlich ein enormer Vorteil und wird von den meisten, die Methadon nehmen, sehr positiv gesehen. Doch sie erringen diesen Vorteil um den Preis, weiter abhängig zu bleiben.

Darum wird die Methadonabgabe von vielen Fachleuten auch kritisch gesehen und teilweise als kontraindiziert abgelehnt. Denn gleichzeitig nimmt auch Methadon dem Drogenabhängigen Leidensdruck und damit seine Motivation für eine therapeutische Behandlung. Doch ist gerade durch die Kriminalisierung und die rasche Verelendung der Drogenabhängigen hier die Problematik vielschichtiger als bei Alkokolkranken. Deshalb muß hier auch differenzierter gedacht und vorgegangen werden.

Eine ähnliche Problematik kann bei Alkoholabhängigkeit durch das vor einigen Jahren auf den Markt gekommene Medikament Acamprosat oder Campral entstehen. Durch Blockierung von Rezeptoren an den Nervenzellen soll eine Erregungsübertragung nicht mehr stattfinden. Das bedeutet, daß das gierige, dranghafte süchtige Verlangen nach Alkohol – der „Saufdruck“ – nicht mehr entstehen kann, da durch die Blockierung der Nervenzellen durch Acamprosat Alkohol seine euphorisierende Wirkung nicht mehr entfalten kann. Dies ist jedoch nur dann eine entscheidende Hilfe, wenn das Trinkverlangen rein körperlich verursacht ist.

Manche Experten nehmen an, daß das Alkoholtrinken zu einer krankhaften Veränderung der Rezeptoren an den Nervenzellen führt, was das gierige Verlangen nach Alkohol erst bewirkt. Doch dies ist nicht erwiesen und auch fraglich. Wird das gierige Verlangen auch aus seelischen Gründen verursacht, dann kann Acamprosat lediglich den Anteil des körperlich bedingten Verlangens nach Alkohol ausschalten; der seelisch bedingte Anteil aber wird bleiben.

Doch das Trinkverlangen ist dadurch zumindest abgeschwächt. So wird es dem Alkoholkranken nach einer Entgiftungsbehandlung eher möglich, trocken zu bleiben, sofern er das will. Auch für diejenigen, die nach der Entgiftung abstinent bleiben wollten, aber ihr starkes Trinkverlangen einfach nicht bezähmen konnten und deswegen wieder rückfällig wurden, kann dieses Medikament eine Hilfe sein.

Doch viele Alkoholkranke werden mit Hilfe dieses Medikaments versuchen, ambulant trocken zu bleiben oder zumindest wieder weniger zu trinken.

In den meisten Fällen wird so die unumgängliche Entscheidung für eine psychotherapeutische Behandlung in der Fachklinik nur aufgeschoben.

Denn ein echter Abstinenzerfolg, eine zufriedene Nüchternheit, kann nur gelingen, wenn die gefühlsmäßigen Störungen, die letztlich in die Sucht geführt haben, mit einer solchen Therapie aufgearbeitet werden.

9. Konstruktives Helfen ist möglich

Aus dem bis jetzt Dargestellten ergeben sich einige Fragen, die hier beantwortet werden sollen.

9.1 Muß der Helfer resignieren und abwarten?

Das bis jetzt Gesagte, so einleuchtend es klingen mag, ist für alle, die Alkoholkranken helfen wollen, recht deprimierend. Es kann sogar die Lust am Helfen nehmen. Denn wenn der Alkoholkranke mit dem Trinken erst aufhört, wenn er genügend Leidensdruck hat und vorher nichts zu machen ist, dann braucht man sich im Grunde auch nicht mehr um ihn zu kümmern.

So verständlich solche Überlegungen sind, sie sind auch kurzschlüssig. Natürlich kann es in der Suchtkrankenhilfe nicht darum gehen, den Alkoholkranken im Stich zu lassen.

> Er braucht dringend Hilfe. Aber bis man ihm diese anbieten kann, muß man oft – leider – sehr lange warten. Es kann also nicht darum gehen, daß der Helfer resigniert und sich zurückzieht, sondern daß er abwarten lernt, bis der rechte Zeitpunkt gekommen ist.

Das ist für Helfer, die mit dem Alkoholkranken nicht zusammenleben müssen, noch am ehesten möglich. Für Angehörige, die den Betroffenen täglich erleiden müssen, kann das sehr hart sein. Doch auch Angehörige brauchen in dieser Situation nicht zu verzweifeln. Sie können durch „aktives Nichtstun" wesentlich dazu beitragen, daß der Leidensdruck beim Alkoholkranken rasch anwächst und dadurch der Zeitpunkt schneller kommt, an dem er für Hilfe bereit wird. Wenn sie lernen, sich vom Trinken ihres Partners zu distanzieren; ihn sich und seinem Trinken – vor allem den Trinkfolgen – überlassen und sie statt dessen anfangen, sich um sich selbst und die Kinder zu kümmern, so kommt es beim Alkoholkranken schnell zu Leidensdruck. Ihr eigener aber verringert sich.

Sie müssen dabei nur konsequent bleiben und dürfen nicht mehr nachgeben.

Notfalls müssen sie sich sogar zeitweise von ihrem Partner trennen.

So schwer das ohne Zweifel ist, sie haben oft keine andere Alternative. Denn das bisherige Leben, das sich in nutzlosem Helfenwollen erschöpft, ist mit Sicherheit auch nicht leichter. Durch ein so geändertes Verhalten tragen sie jedoch wesentlich dazu bei, daß beim Betroffenen Leidensdruck entsteht. Dadurch kann sich eine Gefühlssituation ergeben, die ihm erst die Möglichkeit gibt, wirklich mit dem Trinken aufhören zu wollen.

9.2 Soll der Helfer Leidensdruck absichtlich herbeiführen?

Wenn erst ausreichender Leidensdruck den Alkoholkranken dazu bringen kann, mit dem Trinken aufzuhören, ist die Frage naheliegend, ob es dann nicht sinnvoll wäre, Leidensdruck absichtlich herbeizuführen. Auch die Not des Abwartenmüssens führt bei Helfern oft zu der Einstellung, dies zu tun in der

Hoffnung, das Abwarten so abkürzen zu können. Vor allem Angehörige, die lange genug Niederlagen hinnehmen mußten in ihren Versuchen, den Alkoholkranken vom Alkohol wegzubringen, sind irgendwann nur zu bereit, Leidensdruck nicht nur entstehen zu lassen, sondern nun auch absichtlich zu erzeugen. Aus Verärgerung und manchmal auch Wut über die vermeintliche Sturheit des Alkoholkranken wollen sie ihm dann Alkohol hinstellen, soviel, „daß er saufen kann und daran verrecken soll“.

So verständlich eine solche Einstellung nach jahrelangem Martyrium auch ist, so kann das nicht das Ziel des Helfens sein. Der Alkoholkranke ist ein kranker Mensch, auch wenn es dem Angehörigen oft schwer fällt, dies so zu sehen. Denn in seiner Überheblichkeit, die der Betroffene gegen Ende seiner Erkrankung aus Selbstschutz an den Tag legt, macht er es jedem Helfer schwer, in ihm einen Kranken zu sehen.

Um diese Haltung zu überwinden, ist das Entstehenlassen von Leidensdruck ja so wichtig. Das „Entstehen-*Lassen*“, nicht das „Leidensdruck-*Machen*“!

> Kein Helfer braucht auch nur das Geringste dazuzutun, daß Leidensdruck beim Alkoholkranken entsteht. Das besorgt der Alkohol mit all seinen Folgen langsam, aber sicher von ganz allein.

Denn der Alkoholkranke, der sich oft wie ein Kind benimmt, rennt von ganz allein in sein Unglück. Der Angehörige braucht es nur zuzulassen. Das ist das Entscheidende.

Das heißt natürlich nicht, daß es nicht sinnvoll wäre, dem Alkoholkranken immer wieder die Konsequenzen seines Verhaltens aufzuzeigen. Er muß merken, daß seine Weigerung, etwas gegen sein Trinken zu unternehmen, für ihn schmerzliche Folgen haben kann. Auch dadurch entsteht Leidensdruck.

Ein solches Helferverhalten ist völlig legitim. Denn der Alkoholkranke besitzt immer die Freiheit, sich gegen sein Trinken und für seine Gesundung zu entscheiden. Entscheidet er sich trotzdem fürs Weitertrinken, muß er die Folgen spüren. Irgendwann bringt ihn das an den Punkt, wo er aufhören will.

Doch jede Form des „Helfens", um das nochmals zu sagen, die gezielt versucht, Leidensdruck zu vermehren, ist in der Helferarbeit abzulehnen. Der Alkoholkranke empfindet das zu Recht als Schikane und kann sich dagegen in seiner Verzweiflung meist nur durch noch mehr Trinken wehren. Oft führt dies bei ihm auch zu einer Trotzreaktion nach dem Motto: „Jetzt erst recht, es geschieht denen ganz recht, wenn ich weitertrinke!"

Wie wenig solches Verhalten der Angehörigen hilft, kann auch ein Beispiel aus der Politik zeigen: Extreme politische Fanatiker wollen durch massive Gewaltanwendung eine bessere Gesellschaft zuwegebringen. Die abwehrende Reaktion der Gesellschaft zeigt deutlich, daß ein solches Vorgehen nichts bringt. Absichtlich Druck, Gewalt und damit Leiden zu erzeugen, ruft bei den Betroffenen eher massives Abwehrverhalten hervor. Und möglicherweise dahinterstehende gute Absichten derer, die Leidensdruck erzeugen, werden durch solches Verhalten diskreditiert.

Auch Alkoholkranke werden mit dieser Methode kaum zum Aufhören zu bewegen sein. Natürlich kommen sie dadurch auch irgendwann an ihren Tiefpunkt, aber es ist ethisch und menschlich nicht in Ordnung, einem Kranken bewußt zu schaden. Wer in richtiger Weise Leidensdruck entstehen läßt, braucht dies nicht aktiv zu tun. Er kann hoffen, daß der Alkoholkranke von selbst so weit kommt, daß er aufhören will und zu einer Behandlung bereit wird.

9.3 Wieviel Leidensdruck ist genug?

Bei all dem stellt sich Helfern natürlich immer wieder die Frage, wieviel Leidensdruck denn nötig ist und wieviel noch geschehen muß, bis der Alkoholkranke endlich zur Vernunft kommt. Vor allem Angehörige, die die Niederlagen des Alkoholkranken meist hautnah mitbekommen und selbst enorm unter dem Trinken des Partners leiden, fragen sich das immer wieder.

> Wieviel an Leid und Katastrophen kann denn ein Mensch ertragen, bis er endlich aufgibt?

Die Frage ist berechtigt. Schließlich ist in der Regel schon so viel passiert, daß der Alkoholkranke längst an seinem Tiefpunkt sein müßte. Wenn er beispielsweise seinen Füherschein verloren hat, er zusammengebrochen und erst in der Psychiatrie aufgewacht ist und man ihm sagt, daß er knapp dem Tode entgangen sei, dann muß es doch endlich soweit sein, denkt jeder. Jetzt muß er doch genug haben und an seinem Tiefpunkt sein!

Zur Enttäuschung aller trinkt er aber meist nach kurzer Zeit weiter, oft heimlich. Aber die Angehörigen bemerken es doch. Und sie verzweifeln und können es nicht verstehen. Daß Alkoholkranke noch lange nicht aufgeben, wenn Angehörige und sonstige Helfer meinen, es reiche jetzt, liegt meist darin begründet, daß der Helfer schneller zu leiden anfängt, als der Betroffene selbst. Dieser kann sein Leiden oft noch lange Zeit im Alkohol ertränken, so daß es ihm subjektiv gut geht. Er flüchtet sich sogar oft in den Rausch, weil dieser für ihn eine Möglichkeit ist, die schlimmen Folgen seines Trinkens nicht aushalten zu müssen und so überleben zu können. Er spürt lange Zeit seine Trinkfolgen dadurch weniger stark als die Angehörigen. Darum trinkt er trotz vorausgegangener Katastrophe weiter, für den Helfer unverständlich.

Ein weiterer Grund für fortgesetztes Trinken liegt darin, daß die Grenze, bis zu der man Leid ertragen kann, von Mensch zu Mensch verschieden ist. Auch das, was leiden macht, wird unterschiedlich empfunden.

> Darum ist der Punkt, wo Helfer meinen, daß es dem Alkoholkranken jetzt doch endlich reichen müsse, für diesen oft noch lange nicht erreicht.

Ich möchte das an einer Eigenerfahrung verdeutlichen: Einer meiner Weisheitszähne hatte ein Loch. Der Zahnarzt meinte, daß dieser sich nicht mehr plombieren lasse und er den Zahn ziehen müsse. Es wäre mein erster Zahn gewesen, der gezogen worden wäre. Ich hatte fürchterliche Angst davor, zumal ich noch nie eine Spritze, die ich ohnehin fürchtete, in den Mund bekommen hatte. Darum weigerte ich mich in meiner Angst.

Der Zahnarzt erklärte mir sachlich, was passieren könne, wenn ich den Zahn nicht ziehen ließe, daß es sehr schlimm werden könne mit großen Schmerzen und daß ich vermutlich dann in eine Zahnklinik müsse. Er versuchte mir zu verdeutlichen, wie harmlos eine Spritze wäre und daß ich gar nichts spüren würde. Ich glaubte ihm alles. Ich sah es genauso. Aber seine sachlichen Argumente konnten meine Angst nicht überwinden. Ich blieb bei meiner Weigerung. Acht Jahre lang.

In der Zwischenzeit starb der Zahn ab. Er schmerzte immer wieder stark, doch ich konnte es aushalten. Dann brach er nach und nach ab und verschwand unter dem Zahnfleisch. Bei jedem Zahnarztbesuch versuchte es der Zahnarzt wieder vergeblich, mich zu überzeugen. Dann ging es mit einem Backenzahn, den man sehen konnte, genauso. Auch er starb unter Schmerzen ab, brach nach und nach in Stücke und verschwand unter dem Zahnfleisch. Jeder, der es mitbekam, konnte es nicht verstehen. Alle meinten, daß es doch furchtbar wäre, die Schmerzen auszuhalten, wenn ein Zahn abstirbt und daß es spätestens jetzt Zeit wäre, ihn ziehen zu lassen, da es ja ohnehin einmal sein müsse. Ich gab allen recht. Doch meine Angst war größer und wurde dadurch nicht überwunden.

Das, was mich endlich überwand, waren nicht die Schmerzen, sondern die Vision eines alten Mannes mit vielen schwarzen und abgebrochenen Stummeln im Munde, wie ich es hin und wieder in Bildern gesehen hatte. Das überwand mich. Denn das konnte ich, wie ich deutlich spürte, nicht ertragen, eines Tages auch so auszusehen. Diese Vision war mein Tiefpunkt. Jetzt ließ ich beide Zähne sofort ziehen. Kein Außenstehender hätte erkennen können, daß ich dazu erst diese Vorstellung brauchte – ich selbst bis zu diesem Augenblick auch nicht.

Ich erzähle dieses Beispiel so ausführlich, weil ich daraus gelernt habe. Ich habe den Alkoholkranken, die zu mir in die Beratungsstelle kamen, auch immer erzählt, was alles passieren könne, wenn sie nicht mit dem Trinken aufhören und in eine Therapie gehen. Ich habe es ihnen sachlich ausgemalt und versucht, ihre Bedenken zu zerstreuen – genau wie der Zahnarzt bei mir. Doch seitdem weiß ich, daß das nichts nützt.

Ich nehme an, daß viele mir auch recht geben, aber sie sich – so wie ich – trotzdem nicht überwinden können, das Richtige zu tun. Und ich habe daran begriffen, daß ich ihnen Zeit lassen muß, wie auch ich Zeit gebraucht habe. Bei mir war es nur Angst, die überwunden werden mußte. Beim Alkoholkranken kommen dazu, wie wir gesehen haben, noch starke Schamgefühle und er muß, was oft noch schwerer ist, auf alle für ihn durch Alkohol erreichbaren angenehmen Gefühle verzichten lernen.

Auch wenn diese Erkenntnis gerade für Angehörige niederschmetternd klingt, es ist nicht zu ändern.

So schwer es fällt: Wer Alkoholkranken helfen will, muß abwarten lernen, bis es dem Betroffenen wirklich reicht!

Wenn es ihm aber endlich reicht, dann kann man sicher sein, daß er seine Therapie mit großem Ernst macht und er seine dadurch gewonnene Abstinenz nicht mehr leichtfertig aufs Spiel setzt.

10. Fragen der Seelsorge

10.1 Interessenkonflikt

Von dem bis jetzt dargestellten Tatbestand her ergeben sich vor allem für den Seelsorger Fragen, wie er mit Leidensdruck umgehen soll. Denn er will ja in besonderer Weise dem leidenden Menschen begegnen und nahesein und ihm die Liebe Gottes zusprechen. Wie kann er das aber, wenn er Leidensdruck nicht wegnehmen, sondern ihn sogar noch entstehen lassen soll?

Er kommt hier mit Sicherheit in einen Interessenkonflikt, denn es ist schließlich nicht leicht, einem Menschen, der mit seinen Problemen und seiner Verzweiflung zu einem kommt, zu sagen, daß Leiden für ihn wichtig ist und ihm sein Begehren nach Leidenserleichterung zu verwehren. Jeden Menschen, der helfen will, drängt es in einer solchen Situation doch, einzugreifen und alles zu tun, was hilft, Lasten abzunehmen und Leid zu vermindern.

Doch gerade dabei ist die Gefahr groß, daß der Seelsorger die Liebe Gottes, so wie er sie versteht, sehr einseitig sieht und sie mißversteht als eine unbedingte Zuwendung dem Menschen gegenüber, der in Not ist. Aus einer solchen Sichtweise heraus kann er annehmen, daß es seine Aufgabe sei, diese Not unter allen Umständen zu beseitigen, soweit das in seiner Möglichkeit liegt. Und wenn dies nicht möglich ist, dann wenigstens müßte er doch tröstend wirken, damit der Leidende seine Not nicht mehr so drückend und belastend empfindet.

Solches Denken und Handeln erscheint vielen nach den Normen, die sie in ihrem Glauben verinnerlicht haben, als das spezifisch christliche Verhalten. Jedes andere Verhalten käme ihnen lieblos vor.

Doch es fragt sich, ob sie so die Liebe Gottes richtig verstehen und sie auf diese Weise recht interpretieren. Es wäre immerhin möglich, daß es sich bei dieser Auffassung auch um eine falsch verstandene Barmherzigkeit handelt.

Um diese Frage klären zu können, müssen wir die Bibel befragen und feststellen, welcher Befund sich aus ihr ergibt. Interessanterweise gibt es in der Bibel – vor allem im Alten Testament – eine Reihe von Texten, die zum Thema Leidensdruck, so wie er hier verstanden wird, etwas aussagen.

10.2 Der biblische Befund

Eine wichtige Stelle, die zum Nachdenken anregen kann, finden wir in Jesaja 6, 1–7: „In dem Jahr, als der König Usija starb, sah ich den Herrn sitzen auf einem hohen und erhabenen Thron, und sein Saum füllte den Tempel. Serafim standen über ihm ... Und einer rief zum andern und sprach: Heilig, heilig, heilig ist der Herr Zebaoth, alle Lande sind seiner Ehre voll! Und die Schwellen bebten von der Stimme ihres Rufens, und das Haus ward voll Rauch. Da sprach ich: Weh mir, ich vergehe! Denn ich bin unreiner Lippen; denn ich habe den König, den Herrn Zebaoth, gesehen mit meinen Augen. Da flog einer der Serafim zu mir und hatte eine glühende Kohle in der Hand, die er mit der Zange vom Altar nahm, und rührte meinen Mund an und sprach: Siehe, hiermit sind deine Lippen berührt, daß deine Schuld von dir genommen werde und deine Sünde gesühnt sei."

Was hat dieser Text mit unserem Thema zu tun? Nun, Jesaja erschrickt vor Gott wegen seiner „unreinen Lippen". Gott reinigt ihn daraufhin durch einen Engel mit einer glühenden Kohle an seinen Lippen. Das heißt: Gott nimmt eine sehr schmerzhafte Reinigung an ihm vor, denn das meint diese bildhafte Ausdrucksweise. Die Reinigung – damit ist die Umkehr zu Gott gemeint – vollzieht sich unter Schmerzen und Leiden. Anders gesagt: Schmerz und Leiden sind nötig, damit es zu dieser Umkehr kommen kann.

Es wird hier deutlich, daß Jesaja bei seiner Berufung zum Propheten bereits vor dieser schmerzhaften Reinigung Leidensdruck hatte: Er hatte Angst wegen seiner unreinen Lippen, denn im Angesicht Gottes sah er sich klar als Sünder. Jedoch erst der durch die glühende Kohle verstärkte Leidensdruck führt zur Umkehr und Annahme des göttlichen Auftrages.

In Hiob 33, 19–26 sagt Elihu zu Hiob, daß Krankheit eines der Mittel ist, deren sich Gott bedient, um den Menschen zu warnen und damit letztlich zur Umkehr zu führen. Dazu schreibt der Ausleger Gerhard von Rad: „Elihu spricht von dem pädagogischen Handeln Gottes am sündigen Menschen, wie er ihn durch Schmerzen und Krankheiten mahnen und zur Besinnung bringen kann." Alle Störungen des Lebens und alle Krankheiten bekamen „für den Betroffenen etwas Aufrüttelndes. Leiden führten so auf einen sehr direkten Weg zur Buße … Der Mensch sah sich durch die Leiden gefragt."[21]

Wir können auch die bekannte Geschichte von Jona im Alten Testament nehmen: Jona muß erst im Fischbauch landen, ehe er bereit wird, den Auftrag Gottes, die Menschen in Ninive zur Umkehr zu rufen, auszuführen. Da er nicht wollte, daß die Menschen in Ninive – der Stadt, von der alles Unrecht und alle Unterdrückung der Nachbarvölker ausgegangen war – dem Zorngericht Gottes durch seine Bußpredigt entkommen sollten, floh er in der Meinung, den Auftrag Gottes so nicht ausführen zu müssen. Denn er kannte Gott und ahnte, daß Gott die Menschen in Ninive, wenn sie Buße taten, in seiner Barmherzigkeit davonkommen lassen würde.

So versuchte er gegen Gott seinen eigenen Willen durchzusetzen. Gott mußte ihn erst in großes Leid kommen lassen, bis er widerwillig bereit wurde, nach Ninive zu gehen und Gottes Auftrag auszuführen. Gott, heißt es, schickte einen großen Fisch, der ihn verschlang, als er lieber ertrinken wollte. Und er war drei Tage im Bauch des Fisches gefangen. Welch ein starkes Bild für ausweglosen, schlimmen Leidensdruck! Das Bild läßt auch an eine schwere Depression denken.

Diese Geschichte zeigt, daß auch großes Leiden nicht unbedingt eine freudige Bereitschaft zur Umkehr bewirkt, sondern nur eine widerwillige. Aber immerhin, es kommt – wenn auch widerwillig – zur Umkehr, und das ist das Entscheidende.

Bei Alkoholkranken ist es häufig nicht anders. Sie werden auch oft erst aufgrund starken Leidensdrucks, den sie nicht mehr aushalten wollen, widerwillig bereit, in eine Therapie zu gehen, und begreifen erst in der Therapie, wie wichtig es für sie war, diesen Schritt endlich getan zu haben.

Ein schönes Beispiel ist auch die Josefsgeschichte in 1. Mose 37–50. Sie wird großartig von Thomas Mann in den vier Bänden „Josef und seine Brüder" nacherzählt. Josef, der Lieblingssohn Jakobs, ist recht überheblich und prahlt gerne mit seinen Träumen, in denen seine älteren Brüder und auch sein Vater sich vor ihm neigen müssen, er also der Größte von ihnen ist. Er macht sich dadurch bei seinen Brüdern unbeliebt. Bei einer günstigen Gelegenheit werfen sie ihn in einen Brunnen, um ihn sterben zu lassen, verkaufen ihn dann aber als Sklaven nach Ägypten. Dort ist er viele Jahre Sklave bei Potiphar und kommt wegen einer Intrige von dessen Frau unschuldig ins Gefängnis.

Da Josef die Träume des Herrschers Pharao deuten kann, holt ihn dieser nach längerer Zeit aus dem Gefängnis und macht ihn zu seinem Vertrauten. Josef wird zum mächtigen Mann und kann durch seine kluge Vorratswirtschaft in schwerer Dürrezeit mit großer Hungersnot sowohl das ägyptische Volk wie auch seine Familie retten, die nach Ägypten kommt, um Brot zu kaufen. Er selbst erkennt in seinem Lebensweg den Willen Gottes, so seine Sippe zu retten und damit Gottes Segensverheißung, Jakob zu einem großen Volk werden zu lassen, zum Ziel zu bringen. Gleichzeitig, und das arbeitet Thomas Mann sehr schön heraus, wird ihm auch klar, daß seine Leiden von Gott geschickt waren, um ihn zu läutern und zu dem mächtigen Mann werden zu lassen, der auch fähig ist, seinen Brüdern zu vergeben.

Hier taucht erstmals in der Bibel der Gedanke auf, daß Leidensdruck auch wichtig ist zur Erziehung. Dieser Gedanke wird später bei Hiob und in den Sprüchen wieder aufgenommen. So heißt es in Hiob 5, 17.18: „Siehe, selig ist der Mensch, den Gott zurechtweist; darum widersetze dich der Zucht des Allmächtigen nicht. Denn er verletzt und verbindet; er zerschlägt, und seine Hand heilt." Oder in Sprüche 3, 11.12: „Mein Sohn, verwirf die Zucht des Herrn nicht und sei nicht ungeduldig, wenn er dich zurechtweist; denn wen der Herr liebt, den weist er zurecht und hat doch Wohlgefallen an ihm wie ein Vater am Sohn."

Dieser Spruch wird im Neuen Testament im Hebräerbrief 12, 6 wieder aufgenommen. Dazu Gerhard von Rad: „Hier ist das Störende, das Lebensbedrohende ganz hineingenommen in ein großes Vertrauen zu dem Walten Gottes, der auch in den Leiden heilsame Absichten verfolgt. Bei diesem Geschäft verfügt Gott über viele Mittel. Einmal spricht er warnend zum Menschen in erschreckenden Nachtgesichten, ein andermal ‚weist er ihn zurecht‘ durch Schmerzen, Appetitlosigkeit und Kräfteverfall (Hiob 33, 15 f).“ [22] Und an anderer Stelle: „Die Erziehung setzt ...voraus, daß das Leben des betreffenden Menschen nicht in Ordnung war. Sie wurde veranstaltet, um den Menschen ‚von seinem Tun abzubringen und um seinen Hochmut auszutilgen‘ (Hiob 33, 17).“ [23]

Gleichsam zusammenfassend sagt Gerhard von Rad wieder an einer anderen Stelle: „Der einzelne ..., heimgesucht von einem schweren Widerfahrnis, erkennt sein Leiden als einen heilsamen richterlichen Eingriff Gottes an. Er bekennt seine Sünde und bekennt sich in einem Lobpreis zu der Gerechtigkeit Gottes. Damit bringt er gewissermaßen das gegen ihn in Gang gekommene Verfahren zum Stehen und darf hoffen, wieder in den Segen Gottes zurückkehren zu können. Ob man einen solchen Eingriff in das Leben des einzelnen mehr im Sinne eines strafenden oder eines erziehlichen, also züchtigenden Handelns Gottes verstand, war ein unerheblicher Unterschied.“ [24] Im Sinne dieser Ausführungen läßt sich unschwer auch das Leiden bei Alkoholabhängigkeit verstehen als ein von Gott zugelassenes Leiden mit dem Ziel, zur Umkehr von einem schädlichen Lebensentwurf zu führen.

10.3 Leiden als Strafe verstanden

Gerhard von Rad führt unter anderem aus, daß Leiden im Alten Testament manchmal auch als eine von Gott geschickte Strafe für Ungehorsam verstanden wurde. Aus diesem Verständnis heraus ergibt sich ein Gedanke, der vor allem in christlichen Kreisen häufig eine unheilvolle Rolle spielte. Wie oft schon wurden so kranke Menschen unter massiven Gewissensdruck gesetzt und ihnen ihr Kranksein als Strafe für Sünde erklärt.

Auch Angehörige von Alkoholkranken denken gern in der Kategorie von Strafe. Denn wie oft wird aus dem Ärger und der

Ohnmacht heraus, nicht helfen zu können, eine Wut, die dem Alkoholkranken sein Ergehen dann als gerechte Strafe darstellt. Es wird ihm gesagt, daß ihm gerade recht geschieht, weil er nicht aufhört, ja sie wünschen dem Betroffenen manchmal geradezu den Tod.

So verständlich solche Reaktionen sind, so wenig hilfreich sind sie. Denn Strafe ruft im Betroffenen fast immer Widerstand hervor und führt zu einer Trotzhaltung, die ihn erst recht trinken läßt.

Nun mag es im Einzelfall durchaus einmal möglich sein, das durch Trinken entstehende Leiden auch als Strafe für falsches Verhalten anzusehen, doch kann es im Hilfeprozeß am Alkoholkranken letztlich darum nicht gehen. Denn Alkoholismus ist eine Krankheit und das daraus entstehende Leiden Folge, aber keine Strafe.

Um das Strafen um des Strafens willen geht es auch der Bibel nicht. Selbst da, wo in ihr das leidenverursachende Handeln Gottes als Strafe bezeichnet wird, geschieht es immer in der Absicht, den Menschen wieder zurechtzubringen. Zwar sieht es manchmal so aus, als ob Gott das Volk einfach strafen wolle: „Weil sie die Erkenntnis haßten und die Furcht des Herrn nicht erwählten, meinen Rat nicht wollten und all meine Zurechtweisung verschmähten, darum sollen sie essen von den Früchten ihres Wandels und satt werden an ihren Ratschlägen. Denn den Unverständigen bringt ihre Abkehr den Tod, und die Toren bringt ihre Sorglosigkeit um“ (Sprüche 1, 29–32). Dies ist ein Spruch, den man in der Wut gerne jedem Alkoholkranken vorhalten würde, der sich hartnäckig gegen eine Behandlung sperrt und weitertrinkt. Doch es folgt auch hier der Vers 33: „Wer aber mir gehorcht, wird sicher wohnen und ohne Sorge sein und kein

Unglück fürchten.“ Gottes „Zürnen gegen Menschen und gar gegen sein Volk [entspringt] niemals einem zerstörerischen Affekt, sondern umgekehrt tiefer Sorge über den menschlichen Hang zur Selbstzerstörung ...“ [25] Darum sieht das Volk Israel Gericht und Strafe immer als Folge seines Fehlverhaltens und nicht als Willkür und Gewalt Gottes, sondern als ein Handeln Gottes an ihm, das zur Umkehr führen soll. [26] Solches Denken ist bei Alkoholismus mit Sicherheit sachlich richtiger.

> Denn auch der Alkoholkranke wird ja nicht gestraft, sondern er erleidet lediglich, was er selbst aufgrund seines falschen Verhaltens und Zögerns verursacht hat.

Und dieses Leiden kann auch ihn zur Umkehr führen.

Doch ob wir nun Leiden als Strafe für falsches Verhalten ansehen oder als Folge davon, der Sinn ist der gleiche: Es ist ein Appell an uns, in unserem Leben etwas zu ändern und es nicht zu verfehlen, sondern es in dem Sinn zu leben, wie Gott es gedacht hat. Alle entsprechenden Texte, die wir im Alten Testament finden, verstehen Leiden in diesem Sinn als ein Handeln Gottes an uns. Und in all diesen Textstellen haben es die Betroffenen auch so verstanden: als Leidensdruck, der sie zur Umkehr führen soll.

Diese Auffassung beschränkt sich jedoch nicht nur auf die Menschen des Alten Testaments. Sie wird auch heute noch vertreten. Hören wir nochmals Berthold Kilian: „Heute denke ich, daß mir meine ganz persönliche Höhere Macht diese Krisen [die ihm die Krisendiebe stehlen wollten] immer wieder geschickt hat, damit endlich die Selbstzerstörung ein Ende haben sollte ... [Gott] hilft uns dadurch, daß er uns jede Menge Krisen schickt, die uns aufmerksam und wach machen sollen – und er hilft uns damit wirklich – und manchmal verstehen wir die Zeichen, hören die Stimme in uns und verändern uns hin zu unserem Besten – in der Regel gehen wir oft den Weg bis zum bitteren Ende, bis wir nicht mehr können. Und viele sind bis zum Gehtnichtmehr leidensfähig – geben nicht auf – gehen weiter in das Chaos ... sie sind oft noch nicht so weit, daß sie kapitulieren, daß sie den Kampf einstellen müssen, damit heilmachende Energie freiwerden kann. Ich denke, daß Gott uns helfen will, wenn er uns Knüppel in den Weg legt.“ [27]

10.4 Die Aufgabe der Seelsorge

Wenn in der Bibel Leidensdruck als von Gott verhängt dargestellt wird und auch heutige Menschen das so sehen, dann kann es nicht die Aufgabe der Seelsorge sein, Leidensdruck wegzunehmen. Auch im Zusammenhang der Seelsorge ist das Entstehenlassen von Leidensdruck eine wichtige therapeutische und damit auch seelsorgerliche Zielsetzung.

Leidensdruck ist nötig, denn er bricht, wie auch der biblische Befund ergibt, die erstarrte Abwehrhaltung des Erkrankten auf und läßt ihn endlich nach einem anderen, besseren Leben suchen. Leidensdruck macht ihm überdeutlich seinen bisherigen verfehlten Lebensentwurf klar. Er führt den Alkoholkranken an seinen Tiefpunkt, an dem er begreift, daß er sein Leben, so, wie er es bis jetzt gelebt hat, nicht mehr weiterleben kann.

> Leidensdruck setzt ihn in Bewegung, nach Hilfe zu suchen und nach einem Lebenssinn Ausschau zu halten, der seinem Leben wieder ein Ziel geben kann.

Zwei Beispiele sollen das nochmals verdeutlichen. Ein Alkoholkranker: „Es war mein Ego, das mir meinen Weg versperrte, das mich dirigierte und mich in den Ruin führte, das die Menschen, die ich liebte, verletzte. Dieses alte Selbst mußte bei mir erst abgebaut werden, damit sich ein neues, freies Selbst aufbauen konnte.“

Ein anderer: „Das klingt für Außenstehende paradox: Aus meiner größten Niederlage wachse ich zu neuem, kraftvollerem Leben.“

> Der Alkoholkranke spürt an seinem Tiefpunkt also, daß sein Leben trotz allem Leiden noch etwas wert ist und daß er es nicht vollends zugrunde richten darf.

Für den Seelsorger gilt damit das gleiche, was schon zum Helferverhalten gesagt wurde, daß er nämlich Leidensdruck nicht wegnehmen darf.

Die Aufgabe des Seelsorgers kann es nur sein, dem Betroffenen zu helfen, den Sinn seines Leidens verstehen zu lernen und mitzuhelfen, daß er dem Appell des Leidens endlich folgt. Ganz wichtig wird es auch sein, ihn auf diesem Weg – in der Regel ein unangenehmer und schwieriger Weg – zu begleiten, zu ermutigen und ihm beizustehen. Und es wird wichtig sein, ihm begreiflich zu machen, daß sein Leiden schwinden wird, wenn er die richtigen Schritte tut.

Der leidende Alkoholkranke muß die Wichtigkeit und Schönheit seines Lebens begreifen lernen, wenn es ihm gelingen soll, die Sucht aufzugeben, die ihm lange Jahre Lebenshilfe und Ersatzbefriedigung war. Eine wichtige Aufgabe des Seelsorgers besteht darin, dem Alkoholkranken die Hoffnung zu vermitteln, die er selbst – begründet! – für ihn hat.

Schöpft der Betroffene dann neue Hoffnung, trägt diese dazu bei, aus der bisherigen Sackgasse seines Lebens herauszukommen und die neue Freiheit zu gewinnen, die sein Schöpfer ihm zugedacht hat.

10.5 Leidensdruck allein heilt nicht

Hier soll nochmals der Gedanke aufgenommen werden, daß Leidensdruck allein noch keine Hilfe ist. Starkes Leiden allein führt zwar immer wieder dazu, daß Alkoholkranke mit dem Trinken vorübergehend aufhören, doch bald wieder damit anfangen. Trockenwerden allein reicht fast nie aus, um dauerhaft abstinent und zufrieden leben zu können. Ohne Sinnerfüllung kommt es mit der Zeit nur zu einer erzwungenen, unzufriedenen Nüchternheit.

Dieser Tatbestand wird durch ein Gleichnis Jesu hervorragend illustriert. Es steht im Lukasevangelium Kapitel 11, 24–26: „Wenn der unreine Geist von einem Menschen ausgefahren ist, so durchstreift er dürre Stätten, sucht Ruhe und findet sie nicht; dann spricht er: Ich will wieder zurückkehren in mein Haus, aus dem ich fortgegangen bin. Und wenn er kommt, so findet er's gekehrt und geschmückt. Dann geht er hin und nimmt sieben andere Geister mit sich, die böser sind als er selbst; und wenn sie hineinkommen, wohnen sie darin, und es wird mit diesem Menschen hernach ärger als zuvor."

Als wir in der Gruppe hierüber sprachen, wurde das „geschmückte Haus" schnell übersetzt: Es ist die Freude darüber, trocken geworden zu sein und nicht mehr trinken zu müssen. Wahrscheinlich kann nur derjenige, der jahrelang gegen das Trinkenmüssen angekämpft und immer wieder verloren hat, ermessen, was für eine ungeheure Freude und Erleichterung es ist, wenn das Wunder geschieht und er endlich frei ist. Wer sich geknechtet gefühlt hat von dem „unreinen Geist" Alkohol, wer nicht mehr glauben konnte, jemals vom Trinken loszukommen und darüber zutiefst verzweifelt war, der erlebt eine tiefe Freude und kann es manchmal gar nicht fassen, daß er nicht mehr trinken muß. Es ist gegenüber vorher wirklich ein „festlich geschmückter" Zustand.

Es ist gut verständlich, daß viele in dieser Freude stehen bleiben und ihnen das Erreichte genügt. Hauptsache, nicht mehr trinken müssen. Mehr braucht es nicht. Diese Einstellung aber ist gefährlich, wie die obige Geschichte zeigt. Wenn das Haus nur geschmückt ist mit Freude und Stolz, aber sonst leer bleibt, kehrt der unreine Geist zurück, bringt sieben weitere Geister mit und es wird schlimmer als zuvor.

Viele, die einen Rückfall erlitten haben, mußten diese Erfahrung machen. Sie erzählen später oft, daß sie in ihrer Rückfallzeit schlimmer getrunken haben als vorher, und fügen ironisch hinzu, daß sie schließlich nachholen mußten. Der trocken Gewordene muß darum das Vakuum, das das Nicht-mehr-Trinken hinterläßt, mit neuem Sinn ausfüllen lernen.

Viele Alkoholkranke betonen, daß sie ihre Abstinenz auf ihre Familie aufbauen. Viele fangen auch an, sich wieder für den Glauben an Gott zu interessieren.

> Hier tut sich ein weites Feld für den Seelsorger auf. Und *hier* liegt meines Erachtens auch die Hauptaufgabe des Seelsorgers – und *nicht* im Leidensdruck-Wegnehmen, im Lasten-Abnehmen und im Trösten.

Der biblische Befund sollte jeden Seelsorger zum Nachdenken bringen, wenn er aus „gutem Herzen" heraus dem „armen", leidenden und hilflos wirkenden Alkoholkranken beistehen will.

Der Seelsorger muß lernen, zurückzutreten und Leidensdruck zuzulassen.

Dabei kann ihm die Aussage der Bibel helfen, die sowohl im Alten wie im Neuen Testament gemacht wird: Gott ist gerade den Leidenden nahe. Das geht bereits aus den angeführten alttestamentlichen Texten hervor. Im Neuen Testament wird dies fast durchgängig bezeugt. Und es ist Lebenserfahrung unzähliger Juden und Christen. Menschen mit Leidensdruck sind in ihrem Leiden nicht von Gott verlassen, auch wenn sie ihn dabei nicht bemerken.

Wenn der abstinent Gewordene die wichtige Aufgabe in Angriff nimmt, sein Leben jetzt mit Sinn zu füllen und ein Lebensziel zu finden, geht das nicht von heute auf morgen. Ich möchte dies an einem alttestamentlichen Text illustrieren: Vom Propheten Elia wird berichtet, daß er sich mit Leidenschaft für Gott einzusetzen meint und alle Propheten Baals umbringen läßt. Daraufhin muß er vor der Königin Isebel flüchten, die ihn ihrerseits umbringen lassen will. Elia fürchtet sich, läuft um sein Leben und flüchtet in die Wüste, wo er depressiv wird und sterben will. Ein Engel Gottes jedoch gibt ihm zu essen und zu trinken und befiehlt ihm, sich auf den Weg zu machen und vierzig Tage lang zum Berg Horeb zu gehen, wo er Gott begegnen soll. Und Gott begegnet ihm, nicht im Sturm, nicht im Erdbeben und nicht im Feuer, sondern in einem stillen, sanften Sausen (1. Könige 18-19).

An dieser Geschichte läßt sich ebenfalls sehen, daß Gott uns gerade in den Wüsten unseres Lebens, wo wir völlig allein und verzweifelt sind und wo wir nicht mehr leben möchten, nahe ist und uns zu einer Einstellungsänderung führen möchte.

Elia mußte dazu jedoch vierzig Tage durch die Wüste gehen. Diese Zeit brauchte er, um sich innerlich auf die völlig neue Gotteserfahrung einstellen zu können.

Der Leidensdruck allein führt also noch nicht zur Einstellungsänderung. Dazu ist immer auch eine längere Weg- und Zeitstrecke nötig. Gerade hier kann der Seelsorger den Betroffenen hilfreich begleiten.

Ich möchte dieses Kapitel schließen, indem ich nochmals eine Aussage von Hans Curt Flemming zitiere, die auf einer Spruchkarte steht, die mir eine Angehörige mitbrachte, mit der ich viele Gespräche in der Trinkzeit ihres Mannes geführt hatte:

„Als ich weinte in deinen Armen, hast du nicht versucht, meine Tränen zu stillen. Du hast mich festgehalten, damit ich weiter weinen konnte. So hast du mir geholfen.“

11. Allgemeine Aspekte des Leidensdrucks

Daß Leidensdruck auch in anderen Lebensbereichen als Alkoholismus nötig ist und auch in der Bibel als notwendig angesehen wird, ist eine wichtige Beobachtung.

Helfer und Angehörige werden immer wieder von Zweifeln befallen, wenn sie gegen ihr Gefühl beim Alkoholkranken Leidensdruck zulassen sollen. Darum ist es wichtig, nun den Blick weg von den Süchten auf andere menschliche Bereiche zu wenden, wo wir ebenfalls sehen können, daß nur entstandener Leidensdruck zu einer Wende führte.

Gerade unsere eigene Erfahrung, der wir dabei begegnen können, kann uns zeigen, daß es sich bei der Forderung, Leidensdruck entstehen zu lassen, um eine wohlbegründete Forderung handelt.

> Denn bei Suchtkranken treten keine grundsätzlich anderen Symptome auf als bei anderen Menschen. Sie zeigen sich nur deutlicher und schärfer wie durch ein Vergrößerungsglas.

11.1 Leidensdruck ist wichtig für die seelische Reifung

Daß Leidensdruck für die seelische Reifung wichtig ist, haben wir beim Alkoholkranken schon wiederholt gesehen. Doch gilt dies nicht nur für ihn, sondern allgemein. Viele Menschen würden wahrscheinlich recht oberflächlich dahinleben, wenn sie nicht durch die Bewältigung von vielfältigem Leiden dazu angeregt würden, stärker zu werden, zu wachsen und zu reifen.

Oft zeigt uns erst eine schwere Krankheit, wenn wir über sie nachdenken und die Heilung nicht einfach dem Arzt überlassen, daß wir uns lange Zeit falsch verhalten und dadurch das Krankwerden mitverursacht haben.

> Krankheit zeigt uns damit immer auch, daß und wo wir unser Leben ändern müssen, wenn wir wieder gesunden wollen. „Krankheit als Chance"!

Tragischerweise liefern sich viele Menschen einfach bei ihrem Arzt ab und erhoffen sich, daß er sie wieder gesund macht, ohne über ihre eigenen Krankheitsanteile nachzudenken oder gar etwas daran ändern zu wollen.

Viele körperliche Erkrankungen, psychosomatische Störungen sowie psychische Störungen haben ihre Ursache oft in einer falschen, sich selbst überfordernden Lebensweise. Viele Symptome (z. B. Kopfschmerzen oder Spannungszustände) lassen sich durch Medikamente überdecken. Pillen beseitigen den unmittelbaren Leidensdruck. Doch da die Krankheitsursache – die falsche Lebensweise – dadurch nicht beseitigt wird, kommen die Symptome zumeist wieder. Oft sogar schlimmer, weil durch das Nichtaufarbeiten der Grundstörung diese sich verschlimmert haben. Oder – und das ist noch tragischer – die seelische Grundstörung sucht sich ein anderes Organ. Der Körper erkrankt an anderer Stelle.

Wird der durch die Erkrankung hervorgerufene Leidensdruck nicht sofort mit Pillen beseitigt, kann er zum Nachdenken über sich selbst führen und zu einer Verhaltensänderung beitragen, die erst gesund werden läßt.

Leidensdruck bricht die durch Gewohnheit verfestigten seelischen Strukturen und Verhaltensweisen auf und eröffnet damit die Chance zur Erneuerung.

Wer sich Leidensdruck nimmt, nimmt sich also auch die Chance für seine weitere positive Entwicklung.

Natürlich gibt es auch Leiden, das durch Leidensdruck nicht beseitigt werden kann. Hier, aber nur hier, ist die Beseitigung des Leidensdruckes das einzig Menschliche. Viele Krankheiten, wie auch die Alkoholabhängigkeit, zählen dazu aber nicht.

11.2 Leidensdruck kann für das Glaubenkönnen wichtig sein

Den Gedanken, daß Leidensdruck für das Glaubenkönnen wichtig sein kann, damit der Mensch in ein tieferes und persönlicheres Verhältnis zu Gott geführt wird, finden wir schon in der Bibel. In Psalm 119, 67 heißt es: „Ehe ich gedemütigt wurde, irrte ich; nun aber halte ich dein Wort.“ Und in Vers 71: „Es ist gut für mich, daß du mich gedemütigt hast, damit ich deine Gebote lerne.“ Ähnliche Gedanken finden sich in vielen Psalmen und anderen Bibelstellen.[28]

Auch Hermann Hesse hat diesen Gedanken prägnant formuliert: „Damit ein Mensch der Erlösung und des erlösenden Glaubens bedürftig werde, ... muß es ihm erst schlecht gehen, sehr schlecht. Er muß Leid und Enttäuschung, er muß Bitternis und Verzweiflung erlebt haben, die Wasser müssen ihm bis an den Hals gegangen sein.“ [29]

Leidensdruck führt in vielen Fällen – auch bei Menschen, die vorher wenig oder nichts mehr von Gott wissen wollten – wieder zum Gebet. Damit aber tun sie einen entscheidenden Schritt in die Richtung, die zur Veränderung ihrer Notlage führen kann.

Indem sie beten, geben sie endlich zu, daß sie in Not sind und bekunden mit ihrem Gebet auch, daß sie keinen Ausweg mehr wissen. Abgesehen davon, daß sie damit ihr Leben in die Hand Gottes legen, kann ihr Gebet auch der Anfang ihrer Kapitulation werden, die sie bereit macht, endlich Hilfe anzunehmen.

Am besten kommt dies wohl in der Gleichniserzählung Jesu vom verlorenen Sohn zum Ausdruck; einer Geschichte, die wohl das schönste Beispiel für das Wieder-Umkehren zu Gott ist und zugleich eine wunderbare Illustration dafür, wie Leidensdruck abläuft und wirkt. Sie steht in Lukas 15, 11–32: Ein reicher Gutsbesitzer hat zwei Söhne. Der jüngere fordert eines Tages sein Erbteil, geht damit in die Fremde und bringt es durch mit Prassen. Man kann annehmen, daß der Vater ihn vorher gewarnt hat. Doch da der Sohn Geld hatte und es ihm gutging, nahm er die Warnung nicht ernst. Das geschah erst, als er buchstäblich im Dreck lag und Hunger hatte. Erst dieser Leidensdruck hat ihn dazu gebracht, sich einzugestehen, daß er sich falsch verhalten hat und umkehren muß, wenn er nicht verderben will.

Betrachten wir diese wichtige Stelle im wörtlichen Zitat: „Als er nun all das Seine verbraucht hatte, kam eine große Hungersnot über jenes Land, und er fing an zu darben und ging hin und hängte sich an einen Bürger jenes Landes; der schickte ihn auf seinen Acker, die Säue zu hüten. Und er begehrte, seinen Bauch zu füllen mit den Schoten, die die Säue fraßen; und niemand gab sie ihm.“

In diesen knappen Worten kommt ein ganzes Drama zum Ausdruck: Der einmal verwöhnte junge Mann mit viel Geld ist buchstäblich in der Gosse gelandet und leidet unsäglich. Und die Verweigerung von Schweinefraß, zu dem er sich in seinem Leiden nicht mehr zu gut ist, ist der schlimmste Schimpf, die letzte Verachtung, die ihm zuteil wird. Schlimmer kann man sich Leidensdruck kaum noch vorstellen.

Es wird hier nichts geschildert von einem Gebet. Doch können wir uns viele vorausgegangene Gebete denken, bis der junge Mann so weit war, daß er umkehren konnte: „Da ging er in sich und sprach: Wie viele Tagelöhner hat mein Vater, die Brot in Fülle haben, und ich verderbe hier im Hunger! Ich will mich aufmachen und zu meinem Vater gehen und zu ihm sagen: Vater, ich habe gesündigt gegen den Himmel und vor dir. Ich bin hinfort nicht mehr wert, daß ich dein Sohn heiße; mache mich zu einem deiner Tagelöhner!"

Und Jesus erzählt weiter, daß er tatsächlich ging, der Vater ihm schon entgegeneilte und ihn wieder als Sohn annahm aus Freude darüber, daß er den Weg zurückgefunden hatte.

An dieser Stelle verlassen wir kurz den Gedanken, daß Leidensdruck zum Glaubenkönnen wichtig ist, weil dieses Gleichnis für unser Thema insgesamt viel Wichtiges enthält. Es zeigt sehr anschaulich die Wirkung des Leidensdrucks auf: wie er letztlich dazu führt, Hilfe anzunehmen und wie er den Stolz des jungen Mannes zerbricht, der so typisch für viele Alkoholkranke ist und einem normalen Zusammenleben mit anderen Menschen so oft im Wege steht.

Gerade dadurch aber kommt ein junger Mann zum Vorschein, der in seiner Demut sehr menschlich ist und plötzlich sehr liebenswert wirkt.

Ohne den vorausgegangenen Leidensdruck hätte er diese positive Änderung in seinem Leben wohl kaum erreicht und den Weg zu Gott zurück nicht geschafft.

Bemerkenswert in dieser Geschichte ist auch: Der Vater läßt Leidensdruck zu. Es ist anzunehmen, daß er seinen Sohn kannte und daß er ihm die Herausgabe des Erbteiles „zu seinem Besten" hätte verweigern und das Folgende verhindern können. Aber er tat es nicht! Er hat seinem Sohn die Chance, sich zu ändern, nicht verbaut. Auch wenn dessen Erfahrung sehr schmerzlich war. Vermutlich war sie das für den Vater auch, der seinen Sohn ja liebte. Doch nur so brachte er seinen Sohn zur echten Umkehr, der jetzt aus eigener Überzeugung zu Hause war.

Die Bedeutung dieser Geschichte für den Umgang mit Alkoholkranken liegt auf der Hand. Helfer und Angehörige sind zwar nicht Gott und können nicht voraussehen, ob der Betroffene seine Chance, die er durch Leidensdruck bekommt, auch nützt. Das macht es schwer, Leidensdruck zuzulassen nur auf die Hoffnung hin, daß der Alkoholkranke sich letztlich wie der verlorene Sohn verhalten wird. Denn er kann auch den anderen Weg gehen und in seiner Not mit seinem Leben Schluß machen, wie manche tragischen Beispiele zeigen.

Doch auch in unserer Geschichte ist nichts davon erwähnt, daß der Vater im voraus wußte, wie es ausgehen wird. Seine Reaktion auf die Rückkehr seines Sohnes deutet eher darauf hin, daß er froh und erleichtert war, daß alles gut ausgegangen ist.

Haben wir denn realistisch eine andere Möglichkeit?

Viele, die versucht haben, einen Alkoholkranken zu „retten“ und deshalb vor Leidensdruck zu bewahren, mußten eines Tages erkennen, daß sie es nicht schafften, ihn vom Alkohol wegzubringen.

Bei aller Not, die das auch dem Helfer bereitet: wir können nur warten und hoffen. Glücklicherweise ist es eher die Regel, daß Alkoholkranke durch Leidensdruck zur Besinnung kommen und eher die Ausnahme, daß sie den anderen Weg gehen.

Erfreulicherweise haben viele Alkoholkranke, die durch die Tiefen ihres Lebens gegangen sind, durch die Bewältigung ihrer Krankheit auch wieder zum Glauben an Gott zurückgefunden. Leidensdruck hat sie den eigentlichen Sinn ihres Lebens finden lassen.

11.3 Die Wirksamkeit von Leidensdruck beim Volk Israel

Auch ein ganzes Volk kann seine Geschichte unter dem Aspekt des Leidensdruckes sehen und seine Einstellung ändern. Bereits in alttestamentlicher Zeit hat das Volk Israel seine nationalen Katastrophen als Strafe Gottes für den Abfall vom Gesetz Gottes und für Ungehorsam gesehen. Dies vor allem bei der Vernichtung des Nordreiches (Israel) durch die Assyrer und bei der Zerstörung Jerusalems (Juda) und nachfolgender Deportation nach Babylonien durch die Babylonier.

Schon im Vorfeld dieser Katastrophen sehen die Propheten im Auftauchen der Assyrer 721 vor Christus und der Neubabylonier 587 vor Christus ein neues Geschichtshandeln Jahwes auf Israel und Juda zukommen. Sie bezeichnen das drohende Unheil als ein Handeln Jahwes, um die Sünden seines Volkes zu bestrafen. Die Propheten sind der Meinung, daß Israel in den bevorstehenden Katastrophen zu einer ganz neuen, intensiven Begegnung mit Jahwe geführt wird.[30]

Doch die politischen Führer hören nicht auf die Propheten. So kommt es zu der von Gott bewirkten Verstockung des Volkes gegen die Stimme Gottes. Darum erhält der Prophet Jesaja von Gott den Auftrag: „Geh hin und sprich zu diesem Volk: Höret und versteht's nicht; sehet und merket's nicht! Verstocke das Herz dieses Volks und laß ihre Ohren taub sein und ihre Augen blind ..." (Jesaja 6, 9.10). Dazu Walter Dietrich/Christian Link: „Für das sich gegen Gottes Anruf verschließende Juda gilt ...: Verstockung endet unausweichlich in der Katastrophe. Gott sorgt dafür, daß der grenzenlosen Selbstüberhebung Grenzen gesetzt werden."[31] Jesaja und später Jeremia waren gegen die vom König angestrebten Kriege. Da man nicht auf sie hörte, kündigten sie „die Niederlage der eigenen Armee und das darin sich vollziehende Strafgericht Gottes an."[32] Die Propheten bringen noch viele ähnliche Aussagen.

Auch den Gedanken der Erziehung und Prüfung finden wir hier wieder. So heißt es in 5. Mose 8, 3ff. von der vierzigjährigen Wüstenwanderung: „Er demütigte dich und ließ dich hungern ..." Und in Vers 5: „So erkennst du ja in deinem Herzen, daß der Herr, dein Gott, dich erzogen hat wie ein Mann seinen Sohn erzieht." Dazu sagt Gerhard von Rad, daß der Schreiber des 5. Mosebuches meint, die Taten Jahwes in der Wüstenwanderungszeit seien geschehen, damit Israel zur Erkenntnis einer bestimmten Warheit kommen soll.[33]

> Die Schuld Israels führte danach gewöhnlich zu Fastengottesdiensten und „zu einer Revision des Verhältnisses der Kultgemeinde zu Gott und zu feierlichen Schuldbekenntnissen ..."[34]

Die Bußstimmung des Volkes kommt auch in verschiedenen Psalmen und in den Klageliedern zum Ausdruck. In Psalm 74 klagt das Volk nach der Zerstörung Jerusalems: „Gott, warum verstößest du uns für immer und bist so zornig über die Schafe deiner Weide? ... Wie lange soll der Widersacher noch schmähen und der Feind deinen Namen immerfort lästern? Warum ziehst du deine Hand zurück?“ Und in den Klageliedern des Jeremia heißt es in 5, 21: „Bringe uns, Herr, zu dir zurück, daß wir wieder heimkommen; erneure unsre Tage wie vor alters!“

In solchen Worten wird etwas davon deutlich, daß sich das Volk Israel, bedingt durch das Leiden an der geschichtlichen Katastrophe, wieder an Gott wendet und sein Vertrauen erneut auf ihn setzt.

12. Der Appellcharakter des Leidens

Von unseren Erfahrungen her sind wir geneigt, vieles Leiden als nicht sinnvoll anzusehen. Dabei übersehen wir jedoch häufig den Appellcharakter des Leidens. Vermutlich will uns größeres Leiden, als wir üblicherweise anzuerkennen bereit sind, warnen und uns zu Verhaltens- und Einstellungsänderungen mahnen. Die Ausführungen dieses Buches haben gezeigt, daß Leidensdruck für die Weiterentwicklung des einzelnen und auch ganzer Völker oft ein wichtiger Anstoß war.

> Leidensdruck stoppt Fehlentwicklungen, wie sie beispielsweise auch durch Alkohlismus entstehen, und setzt Reifungsprozesse in Gang.

Solange es uns gutgeht, scheint alles in Ordnung, und wir ändern nichts. Erst Leiden zwingt uns, über dessen Ursachen nachzudenken und uns damit auseinanderzusetzen. Leiden zeigt uns, daß etwas in unserem Leben nicht stimmt. Reagieren wir darauf konstruktiv oder resignieren wir, werden depressiv und geben uns auf? Wo auf Leiden konstruktiv reagiert wird, werden positive Kräfte freigesetzt. Die positive Entwicklung vieler Alkoholkranker – die einmal total am Boden waren, nur noch ein Bild des Jammers – hin zu reifen und verantwortungsbewußten Menschen, die ihre Fähigkeiten entdeckten, die so lange durch die Sucht überlagert waren, zeigt dies deutlich.

13. Erneuerte Beziehungen

Wie wir gesehen haben, ist Leidensdruck in vielen Fällen nicht nur sinnvoll, sondern auch notwendig. Wenn der Alkoholkranke nach langem, für die Angehörigen und Helfer oft bitterem Mit-Leiden endlich trocken geworden ist, dann müssen wir ihn auf dieser erneuerten Grundlage annehmen.

Sehr wichtig ist, nun nicht in Strafgedanken zu verfallen und den Betroffenen wegen der leidvollen Vergangenheit abzulehnen. Doch manche Angehörigen können einfach nicht vergeben. Das ist zwar verständlich, für die Entwicklung der wechselseitigen Beziehung aber schädlich.

> Auch wenn jetzt noch viele seelische Wunden schmerzen: Es kommt darauf an, dem trocken gewordenen Suchtkranken in Wort und Tat zu zeigen, daß er auf erneuerter Basis neu angenommen ist.

Ich komme noch einmal auf die oben erwähnte Bildrede vom verlorenen Sohn zurück, speziell im Hinblick auf den Vater. Dieser nimmt den zurückgekehrten Sohn mit Freuden wieder an – trotz allem, was gewesen ist. Und er setzt diesen wieder voll in alle Rechte ein.

Angehörige und Helfer sind aufgerufen, sich dem trocken gewordenen Suchtkranken gegenüber entsprechend zu verhalten. Zur Entspannung des gegenseitigen Verhältnisses trägt ja auch wesentlich bei, daß sich Leidensdruck nun erübrigt.

Trocken gewordene Alkoholkranke sollten auf ihrem neuen Weg nicht durch Ablehnung geschwächt, sondern nach Kräften ermutigt und gestärkt werden.

Einen gewichtigen Gesichtspunkt sollten wir dabei nicht übersehen: Besonders die nahestehenden Angehörigen können von der Lebenserneuerung des Suchtkranken profitieren, indem sie in der Partnerschaft an dessen Wachsen und Reifen teilnehmen und sich entsprechend mitentwickeln können.

Ist diese Gegenseitigkeit nicht die beste Grundlage für ein gedeihliches Zusammenleben in Gegenwart und Zukunft?

Literatur / Anmerkungen:

[1] Phasen der Alkoholsucht, Kassel 1976 (21. Auflage), Seite 14
[2] *Lukas, Elisabeth*: Lebensbesinnung, Herder Verlag Freiburg im Breisgau 1995, Seite 97 – 102
[3] Phasen der Alkoholsucht, Kassel 1976
[4] *Pfürtner, Stephan H.*: Fundamentalismus, Herder Spektrum 4031, Freiburg im Breisgau 1991, Seite 106 (Pfürtner schreibt diese Sätze zwar in bezug auf Fundamentalismus, doch sie lassen sich ohne Schwierigkeiten auch auf Alkoholismus anwenden.)
[5] *Fleming, Hans Curt*: Der Brandherd, Text auf einem fotokopierten Zettel ohne Quellenangabe.
[6] Odyssee zitiert nach Drewermann, Eugen: Strukturen des Bösen, Band II, Ferdinand Schöningh, Paderborn 1988, Seite 424 – 425
[7] *Pfürtner, Stephan H.*: Fundamentalismus, Seite 105
[8] AA-Informationen 1/96, München, Seite 11
[9] *Zahrnt, Heinz*: Warum ich glaube, dtv Sachbuch, München 1980, Seite 226
[10] *Jänicke, Christa*: Mein Leben mußte warten, Der Weg einer trockenen Alkoholikerin, dtv Taschenbuch 30474, München 1995, Seite 17 – 20, wörtliches Zitat Seite 19
[11] *Zahrnt, Heinz*: Warum ich glaube, Seite 226
[12] *Kilian, Berthold*: Vom Nutzen der Sucht für das Leben, in: Partner 2/91, Kassel 1991, Seite 44 – 45
[13] *Kilian, Berthold*: Weltweite Hilfe 3/95, Seite 18 – 23
[14] *Jänicke, Christa*: Mein Leben mußte warten, Seite 21
[15] Ebenda, Seite 135
[16] *Firsching, Sigrid*: Wenn Partnerinnen aus der Rolle fallen, Drogen-Report 1/96, Berlin, Seite 12
[17] Nach Drewermann, Eugen: Strukturen des Bösen, Band III, Ferdinand Schöningh, Paderborn 1988, Seite 553, sinngemäß zitiert
[18] *Firsching, Sigrid*: Wenn Partnerinnen aus der Rolle fallen, Seite 12
[19] *Kindermann, Walter*: Möglichkeiten und Grenzen der Suchtprävention, in: Drogenkonferenz 1990, Hrsg.: Ministerium für Arbeit, Soziales und Gesundheit, Mainz 1991, Seite 15 – 16

[20] Rundfunk- und Fernsehzeitschrift Bild + Funk Nr. 11 und Nr. 16/96, Seite 5 und 102

[21] *Rad, Gerhard von*: Theologie des Alten Testaments, Band 1, München 1960, Seite 403

[22] *Rad, Gerhard von*: Weisheit in Israel, GTB 1437, Gütersloh 1992, Seite 259

[23] Ebenda: Seite 260

[24] Ebenda: Seite 274

[25] *Dietrich, Walter/Link, Christian*: Die dunklen Seiten Gottes, Neukirchen-Vluyn 1995, Seite 152

[26] Ebenda: Seite 167, sinngemäß zitiert

[27] *Kilian, Berthold*: Weltweite Hilfe 3/95, Seite 18 – 23

[28] Nach Rad, Gerhard von: Theologie des Alten Testaments, Band 1, Seite 415, sinngemäß zitiert

[29] *Hesse, Hermann*: Das Glasperlenspiel, zitiert nach Drewermann, Eugen: Strukturen des Bösen, Band I,

[30] Nach Rad, Gerhard von: Theologie des Alten Testaments, Band 1, Seite 80 – 81, sinngemäß zitiert

[31] *Dietrich, Walter/Link, Christian*: Die dunklen Seiten Gottes, Seite 63

[32] Ebenda: Seite 191

[33] *Rad, Gerhard von*: Theologie des Alten Testaments, Band 1, Seite 301

[34] *Rad, Gerhard von*: Weisheit in Israel, Seite 253

Einige Zitate von Alkoholkranken sind verschiedenen Nummern der AA-Informationen entnommen.